♡♥

## 시와 사랑 2

詩와 사랑 2

2018년 09월 20일 초판 발행

지은이 | 박경철
발행인 | 박찬우
편집인 | 우 현
펴낸곳 | 파랑새미디어

등록번호 | 제313-2006-000085호
서울특별시 마포구 서교동 357-1 서교프라자 318
전화 | 02-333-8311
팩스 | 02-333-8326
메일 | adam3838@naver.com

가격 10,000원
979-11-5721-088-6 (04810)
979-11-5721-087-9 (세트)

# 詩와 사랑 II

## - 어느 무명가수의 사랑 노래 -

青死 박경철

파랑새미디어

여전히… 그리고…

나는 여전히 詩人이 아니다.
그리고 나는 여전히 詩 같지 않은 詩를
계속 쓰고 있는 詩人으로 불리고 있다.
1집 출판 후 그래도 많은 사람이
나를 詩人이라고 말을 한다.
나는 손사래를 치며 대답한다,
난 詩人이 아니라고…
누군가 나에게 그랬다.
"사랑이 밥 먹여 줘?"
밥이라는 걸 몰라도 너무 몰라서
하는 거라 생각했다.
밥은 인생이고 밥은 생명이다.
밥은 희망이고 밥은 활력이다.
사랑은 나에게 인생이라는 명제를 던져주고
사랑은 내게 생명의 신비를 알려줬다.
사랑은 내게 희망을 품게 했고
사랑은 내게 활력을 주었다.
적어도 내게 사랑은 인류 최고의 밥이다.
이 시를 읽고 누군가 고개를 끄덕인다면
그게 내 행복이다.
사랑을 알게 해 주신 하나님께 감사드리며
내가 사랑하고 나를 사랑하는
모든 이들에게 이 작은 詩集을 드린다.

2018년 햇살 따가운 방화동에서

목차



## 제1부 ⁘ 사랑의 협연

## 제2부 ✧ 맛있는 사랑

## 제3부 ◊ 사랑 참 좋다

제1장

# 사랑의 협연

사랑의 노랫말
이 세상 가장 황홀한
완전한 협연입니다.

# 사랑으로 젖어드는 마음 ♡♥

사랑은 끝없이 샘솟는
미소라고.

비 내리던 날이었어요.
봄을 시샘하는 찬바람 물러가고
눈물겹도록 초록이고 싶어 하는
잎새들은
빗물 촉촉하게 머금으며
울어댔어요.
어린 시절 비 맞으면
키가 큰다며
진흙탕을 누벼대던
웃음이 있습니다.
그래도 좋았습니다.
꿈이 있었으니까요.
철없던 시절 막연하게 꿈꿔왔던
사랑이라고 생각했던
설레는 가슴은
어른이 되어
그리움을 눈물겨워 하는
견딜 수 없는
만남의 감격으로 자리합니다.
이제는 알 수 있습니다.
사랑은 끝없이 샘솟는
기쁨으로 젖어 드는 마음의
행복한 환한 미소라고.

# 그리움을 담다

♡♥

가슴의 울림을 주는 건
사랑밖에 없다고…

어린 시절
그리고 지난날
인생이 무언지
행복이 무언지
급할 것 없는 생각 없는 삶은
만남의 의미도 모른 채
살기 위해 태어났고
그냥 그냥 지나온 시간.
가슴이 뜨거워지는 날에
눈을 뜬다는 것이 축복이며
살아있음이 감격이라고
가슴의 울림을 주는 건
사랑밖에 없다고…
천년을 살아도
하루 같이 살 수 있음은
무엇으로도 채울 수 없는
깊은 운명 같은 숙명 때문인 것을…
너와 나의 통함보다
큰 축복은 없기에
함께하지 못하면 죽음으로라도
동행할 수 있는 것.
그래서 사랑은
눈물겹도록 황홀하다.

# 한 번 사는 삶인데

의미 없이 던져진 삶이라면
구름에 밀려간들 어떤가.
부는 바람에 잎새 흔들려
아픔을 노래한들 어떠리.
꽃잎 피어나 향기를 줄 때
세상에서 가장 행복하고
따뜻한 만남을 꿈꾸었는데
한 발짝 멀어질 때마다
가슴이 애절하게 접히는
사랑의 노랫소리 들리고
그저 마음으로 품어주는
하나만으로도
인생은 이미 모든 걸 다 얻었다.
그토록 어린 날의 동화 속으로
돌아가고 싶은 이유가
함께 달려가는
놀이마당으로도 신이 나는
눈감고 머리칼 휘날리며
세상을 정복한 어린 장군은
지금 아리따운 꽃소녀 앞에
얼굴 붉히며 부끄럽게

소심한 사랑 고백으로 서 있다.
한 번 사는 삶인데
후회 없는 사랑을 만나
가장 아름다운 동화 같은
꽃피는 봄날 같은 사랑을
미치도록 해야겠다.

꽃피는 봄날 같은 사랑을
미치도록 해야겠다.

## 사랑이란 건 ♡♥

시도 때도 없이 보고파
한숨짓는 것.
화끈 달아오르는
홍조 띤 얼굴.
숨소리마저도 그리운
콩닥거리는 심장.
뜬눈으로 밤을 지새우는
졸리지 않은 가슴.
걸어도 걸어도
아픔을 모르는 발걸음.
보고 또 봐도
또다시 보고픈 얼굴
웃고 울어도 여전히
만져주고 싶은 눈동자.
말로 다할 수 없는
함께하고픈 동행.
흐르는 땀방울로
얼음을 녹여주는 열정.
이 세상 그 무엇 다 준대도
바꿀 수 없는 존재.
두 눈 감아도

느낄 수 있는 온기.
셀 수 없는 하늘의 별 가운데
보이는 마음.
지금 죽어도 떠날 수 없는
그대의 옆자리.
사랑이란 건 이토록
가슴시린 하늘의 선물.

사랑이란 건
졸리지 않은 가슴.

# 포근한 밤

♡♥

나, 당신을 품었으니까요.

밤이 어둡지만은 않습니다.
당신의 따스한 숨결이
있으니까요.
밤은 외롭지만도 않습니다.
당신의 따스한 두 손을
잡았으니까요.
밤이 슬픈 것만도 아닙니다.
당신의 환한 미소가
있으니까요.
밤은 두렵지만도 않습니다.
당신의 따스한 포옹이
있으니까요.
밤이 행복합니다.
당신과 함께하는
꿈의 여행이 있으니까요.
밤은 사랑이 넘치는
시간입니다.
나, 당신을 품었으니까요.

# 나 당신을

어떻게 표현해야 좋을지

나 당신을 좋아합니다.
나 당신을 그리워합니다.
나 당신을 늘 생각합니다.
나 당신을 사모합니다.
나 당신을 사랑합니다.
나 당신을 두 눈에 담았습니다.
나 당신을 가슴에 심었습니다.
나 당신을 온 마음에 그렸습니다.
나 당신을 두 손으로 꼬옥 잡아줍니다.
나 당신을 삶의 의미라고 노래합니다.
나 당신을 한순간도 잊지 않습니다.
나 당신을 고마운 사람이라 말합니다.
나 당신을 사랑의 향기로운 꽃이라 고백합니다.
아, 당신을
어떻게 표현해야 좋을지
이 아침
당신이 내 안에 가득합니다.

## 사랑의 협연

말로 표현해 낸
사랑의 그림은
글로 선물할 수 있는
아름다운 실체라고
이렇게 한 줄 한 줄
옷을 입어갑니다.
사람에게 준 위대한 특권이
사랑해서 웃을 수 있고
사랑해서 눈물도
흘릴 수 있다고
그리고 아파할 수도 있음을
알게 해준
하늘의 선물이라고 고백하는
한껏 노래로
속을 토해낼 수 있는
오케스트라의 합주입니다.
이보다 웅장한 연주가 있을까요?
보잘것없는 백지 위에
마음을 담아낼 수 있는
사랑의 노랫말
살아 움직이는

이 세상 가장 황홀한
너와 나의
완전한 협연입니다.

하늘의 선물이라고 고백하는
사랑
이 세상 가장 황홀한
완전한 협연입니다.

## 햇살, 미소 그리고…

눈부시도록
햇살이 내립니다.
바람 휘돌아가는
골목길에도
그리움을 읊조리는
한 사람의 머리 위로
따사로운 마음의 자장가로
안겨옵니다.
그립습니다.
햇살 가득 담은
향기로운 미소가.
그립습니다.
해맑은 투정어린 웃음이.
행복에 몸살 앓는 것이
무엇인지 알았습니다.
사랑은 홀로 갈 수 없는데
먼 하늘 먼 길이라도
달려갈 수 있음은
밤낮 없는 뜨거운
그리움 때문입니다.
햇살 따라 달리고 싶습니다.

미소 가득 담아
햇살을 보고 싶습니다.
바로 지금 당신과 함께…

사랑은 홀로 갈 수 없는데
먼 하늘 먼 길이라도
달려갈 수 있음은
밤낮 없는 뜨거운
그리움 때문입니다.

# 나 그리고 너

♡♥

함께 나눌 사랑만 있다면

뻥 뚫린 하늘
시간이 흐를수록
애달프기만 한 대지의 흐느낌은
더 이상 견딜 수 없는
사랑고백을 전해주며
흘러 넘쳐도 좋을
내일로 가는 둑을 타고 넘는다.
심장을 다독이며
언제까지라도 품어줄 수 있는
삶의 어느 순간까지라도
걷고 또 달려서라도
함께 나눌 사랑만 있다면
눈물이 빗물이 된다 해도
뜨거운 사랑의 진액으로
승화시킬 수 있으리.
나에게 넌 끝없는 노래이고
너에게 난 끝없는 연정이다.
나에게 넌 가슴 시린 사랑이고
너에게 난 눈물겨운 행복이다.

# 너를 그리며

♡♥

고독한 러너이고 싶다

눈물겨워 보이는
외로운 도시의 남자.
여기 이렇게
먼 하늘 응시하는 건
속 다 빼놓고 살아가는
하나밖에 모르는 바보.
기다림에 속타고
깊은숨 몰아쉬며
사랑의 슬픔을
노래해야만 하는
순진한 숙맥이라 해도
눈물을 적셔도
눈물이 아니라고 숨겨가며
끝없는 길이라 해도
달려가야만 하는
고독한 러너이고 싶다.
달려간 끝에는
그 어디라도
한번 내어준 마음 안아줄
그리움이 기다리고 있을 테니까.

# 신기한 사랑

♡♥

사랑은 참 신기합니다.
혼자인 시간을
너무 아프게 하거든요.
마음 한구석 쓸어내리며
먼 하늘 바라보게 하는
빈자리에는
어느새 그리움이라는
손님으로 채워지며
푸른 하늘 나는 새는
쉬지 않고 날갯짓하는데
한 송이 장미
진한 향기 가득
황홀한 만남을
한층 더하여 주고
돌아서는 서글픈 마음
주머니 속에
송두리째 담아오고픈
그대의 향기를
노래하고 또 불러봐도
여전히 보고파
눈물로 채워지는

가슴 저미는
그대 향한 빈자리.
사랑은 참 신기합니다.
그렇게 아픈 날들을
보내면서도
여전히 그 아픔을
즐기니까요.
눈물 흘려도
한숨 내쉬며
죽도록 그리워도
그래서 너무 보고파도
그대를 더 그리워하며
사랑하게 만드니까요.

## 보고픔을 노래하며 ♡♥

보고픔으로 다가오는 그대
활짝 열린 하늘 너머
이렇게 불러봅니다.
"하루를 아름답게 해주는 사람아"
첫사랑의 열병을
기억나게 하는 봄날,
기분 좋은 따스한 만남은
이제 철이 들어가는 사랑이기에
아무 말 못 하고 돌아섰던
그 옛날 쓰린 마음의 뒷자리는
오늘 후회하지 않을
아픔 없는 사랑으로
가득 채워주고 싶습니다.
사랑은 그런가 봅니다.
나를 잊어버리며
이미 그대가 되는…
그래도 행복하기만 한
기쁨 말입니다.
그래서 사랑은
너무 아름답습니다.
나를 다 주어도

아깝지 않은
여전히 주어야 할
생명이 있음으로
거저 주지 못해
아쉬움만 남는
어미 새의 지저귐처럼 말입니다.

나를 다 주어도
아깝지 않은
여전히 주어야 할
생명이 있음으로
거저 주지 못해
아쉬움만 남는

# 그 사람 그 자리

어떤 색으로 말할까요
지금의 마음을.
분홍빛이라기엔
너무 아픈 피 흘림이 있어요.
하얀색이라고 하기에는
머릿속 온통
당신 생각뿐이구요.
회색빛이라기엔
그리움에 지쳐
까맣게 타들어가는
숯덩어리가 되었답니다.
초록빛 신록이라기엔
애증의 눈물 많이 흘려
갈색 추억의 낙엽으로
떨어져 버렸답니다.
무슨 색을 칠한다 해도
채워지지 않을 자리가 있네요.
사랑에 겨워 헤매다
한없이 서러워 울먹이며
하나뿐이라고 전부라고
가슴을 애태우는
바로 그 사람 그 자리입니다.

# 고집스런 사랑

웃고 싶을 때 웃을 수 있고
울고 싶을 때 울 수 있는
그런 사람이고 싶습니다.
죽도록 보고 싶을 때는
백리길이라도 달려가서
가쁜 숨 몰아쉬며
'정말 보고 싶었어'라고
말해줄 수 있는
그런 사람이고 싶습니다.
정말 소심했던 그 시절
마음의 소리조차
전하지 못했던
안타까움과 서러움 품고 살았던
벙어리 냉가슴 아닌
한 모금 미소라도 주고픈
그런 사람이고 싶습니다.
어제오늘이 다른
세상 사랑,
그래서 내일도 달라질 거라지만
모든 사람이 미련하다 말할 만큼
고집스런 사랑을 하고픈
그런 사람이고 싶습니다.

# 이 밤 그대 위해 ♡♥

내 모든 것 다 주어도
하나도 슬프지 않은 행복입니다.

이 밤 그대 위해
촛불 하나 켜겠어요.
밤을 울어 새벽을 기다리듯
눈물 흘려 어둠 밝히는
촛불처럼
내 모든 것 다 주어도
하나도 아프지 않은 기쁨입니다.
이 밤 그대 위해
창을 활짝 열겠어요.
아침을 기다려
햇살을 맞이하듯
빛으로 새날을 선물하는
태양처럼
내 모든 것 다 주어도
하나도 슬프지 않은 행복입니다.
지금 그대 위해 피어날
노래가 있고 시가 있기에
밤이라도 좋고
낮이라면 더 좋을
만남의 축제를 준비합니다.
그리움으로…

# 그대는

♡♥

피어있는 그대로
아름다와라.

피어있는 그대로
아름다와라.
바라만 보아도
향기로와라.
하늘이 보내주신
사랑의 선물인가.
이 세상 끝에서도
두 손 잡은 그리움.
먼 길을 돌아
눈물로 만난 미소인가.
심장을 내주어도
아프지 않은 행복.
애태워 부르지 않아도
언제나 마음의 울림으로
안아주는 따스함.
피어있는 그대로
아름다와라.
바라만 보아도
향기로와라.

# 아름답다

아름답다.
산이 아름답다.
한 그루 희망의 나무로
덮어주는
산이 아름답다.
아름답다.
강이 아름답다.
그리움의 쪽배로
띄워주는
강이 아름답다.
아름답다.
하늘이 아름답다.
사랑의 수채화
그릴 수 있도록 펼쳐주는
하늘이 아름답다.
아름답다.
네가 아름답다.
눈물겹도록 뜨겁게
만들어주는
네가 아름답다.
아름답다.

내가 아름답다.
죽도록 사랑할 수밖에 없는
내가 아름답다.
아름답다.
이 모든 것이 아름답다.
끊을 수 없는
사랑을 보여주는
이 모든 것이 아름답다.

내가 아름답다.
죽도록 사랑할 수밖에 없는

## 인연 1

♡♥

당신을 그리워하며
가슴 뜨겁게 사랑하는 마음
억겁이라는 시간이 흐른다 해도
더 죽도록 사랑하며 살다
이 세상과 이별하는 날
눈물에 담아 가슴에 담아
함께 가고 싶은 사람
내 안에 있는 당신입니다.
숱하게 흘러버린 시간 속에서
당신의 모습과 이름이
빛바랜 흑백사진처럼 된다 해도
처음 품었던 당신 향한 마음
언제나 그랬듯이 푸르름으로
당신 서 있는 그곳까지
그윽한 향기 날리며
한 송이 꽃을 피우러 갈 겁니다.
먼 훗날 길고 긴 시간이 흘러
당신 아무것 없는
빈손 백발의 삶이라 해도
당신을 사랑할 겁니다.
겉모습 갖는 게 사랑이 아니기에

영혼을 품어 함께하는 것이
진정한 사랑이기에.
삶은 한 번이지만
또 한 번의 삶이 허락된다면
그래서 다시 이 세상에 태어난다면
당신이 내 앞에 다시 나타났으면
정말 너무 행복할 겁니다.

다시 이 세상에 태어난다면
당신이 내 앞에 다시 나타났으면
정말 너무 행복할 겁니다.

# 내 님

하늘에서
땅끝에서
누가 부르던가요.
들리나요?
당신에게 들렸다면
그건 분명
당신이 생각한 한 사람
바로 나일 겁니다.
지금도
당신 이름을
불렀으니까요.

지금도
당신 이름을
불렀으니까요.

# 행복이 뭔지 알아요 ♡♥

당신을 사랑하는
마음 하나만으로 행복합니다.

자신을 녹여
빛을 발하는 양초처럼
사랑도 많이 아파하고
눈물이 있어야
온전한 사랑이 된다는 걸
알아요.
그리움 없는 사랑은
더 이상 아름답지 않다는 걸
너무 잘 알아요.
당신의 향기가 밀려오며
마음을 녹이는
보고픔의 시간마저도
당신을 사랑하는
마음 하나만으로 행복합니다.
함께 할 때는 함께여서
가장 행복하고
볼 수 없을 땐
그리움 가득해서 행복합니다.
사랑은
아름다울 수밖에 없는
행복입니다.
당신이 있어.

하늘이 슬픈 날
그대 위해
기쁨의 단비가 되어줄게요.
가슴 시리고 마음 추운 날
그대를 위해
따뜻한 모닥불이 되어줄게요.
짧은 인생
하나만의 사랑을 위해
삶 다하는 날까지 지켜줄게요.
숨이 다하는 그 순간
사랑이 있어 행복했다고
정말 살만한 인생이었다고
고백하고 싶습니다.
내가 사랑한 사람은
늘 언제나 그대였음을.
그대 머무는 그 어디든
손닿을 수 있는 곳에서
함께할게요.
삶이 다하는 그 날까지
그대만을 죽도록 사랑할게요.

# 그래 그래

아침 눈뜨며
기지개로 그댈 안아주면
그게 기쁨인 게지.
꿈길에서도
아침 햇살 맞으면서
그댈 바라봄이
그게 축복인 게지.
어제도
오늘도 그리고 내일도
그댈 그리워하면
그게 사랑인 게지.
언제나
언제까지나
그대와 함께함이
그게 삶이고
그게 행복인 거야.
그래 그래
오늘도 그대는
내 안에서 춤을 춘다.

아침 햇살 맞으면서
그댈 바라봄이
그게 축복인 게지.

## 예쁜 사랑 ♡♥

– 지둔리에서

하늘이 하염없이 울기 시작했다.
먼 길 달려오면서 맞은 바람이
가슴속까지 녹여버리는
뜨거운 눈물이 되어
둘만의 가슴을 적시는
숲속 교향곡으로 안긴다.
휘돌아 오는 계곡의 가을은
저물어가는 황혼에
뜨거운 포옹으로 함께하며
진한 연정을 불타오르게 하는
이 세상 가장 아름답고
향기로운 여인을 손잡게 한다.
조금 떨어진 곳 반딧불이의
지칠 줄 모르는 춤사위는
빗소리와 절묘한 조화를 이루며
어둑해지는 하늘을 바라보며
자연스레 콧노래 부르고
미치도록 그리워하며
보고 또 봐도 보고 싶은
하나뿐인 사랑을 더 부르게 한다.
계절이 아름답다 말하는 건

지금 여기 둘만의 자리에서
찬란한 환희의 열정을 기약하는
그 누구도 막아설 수 없는
두근거리는 가슴을 맞아줄
포근한 눈빛 때문이다.
우리는 오늘 밤을
그 어느 때보다 더 황홀하고
말로 다 할 수 없는
죽음도 어찌할 수 없는
행복한 순례자로 잠들고 말거다.
사랑한다 또 다시 말해도
그대는 하나뿐인
소중하고 예쁜 사람이다.

그대는 하나뿐인
소중하고 예쁜 사람이다.

## 비와 사랑

♡♥

목말라하던 대지에
아낌없이 비가 내린다.
창문 두드리며
새벽을 깨우는
그리운 손님의 한마디
후드득…
후드득…
언제쯤이면
흩어지지 않는
깊고 잔잔한
호수를 만날까.
투정이라 해도 좋고
감상이라 해도 좋을
심장의 파동은
하루가 또 저물어도
잠들지 않는
촉촉한 눈물의 선물로
잠 못 이루며 뒤척이는
가녀린 영혼에게
사랑이라 하며
두근거리는 고백을

한가득 안겨준다.

후드득…

후드득…

후드득…

후드득…

## 그대에게

하늘을 봅니다.
거기에 있었네요.
머리를 흔들고
눈을 비벼보아도
다가오는 건
그대의 영상.
마음이 다가가는 것만으로는
보고픔에 젖어
눈물의 호수를 이룬
타들어 가는 심장을
달랠 수가 없네요.
또 한 번 하늘을 봅니다.
여전히 거기서
미소만을 띄워 보내며
아픈 가슴 콕콕 찌르는
천사의 날갯짓,
어쩔 수 없는 매력.
유치한 발상이라 해도
그게 행복이라면
누구도 막아낼 수 없는
운명의 도박이라 해둘래요.

그리움을 사랑으로
노래하고 또 노래하려
하늘을 또 봅니다.
요동치는 연정을
겨우 다독일 수 있으니까,
그대가 거기 있으니까요.
나,
그대에게 중독되었어요.
그래서 삽니다.

그대에게 중독되었어요.

# 비 내리는 밤에 ♡♥

하늘이 운다.
오랜만에
그대 이 세상에 존재하는
축하 세레머니일까.
힘겨워하며 눈물 흘리던
그 어떤 날 모습이 떠올라
우울한 맘 누르며
함께한 웃음의 날들을
살며시 떠올린다.
이토록 가슴 저린 건
늘 함께하지 못하는
얄미운 현실이란 놈이
어제도 오늘도
내 감정을 툭툭
건드리기 때문인가 보다.
그래도
그래도
그대가 이 세상에 있어서
너무 행복하다.
언제 어느 때에
오작교에서 만나든

지하철역에 서성이는
나를 만나든
언제든 만남을 약속하며
오늘을 살자.
이 밤
잠 못 드는 우중에
그대가 내 안에서 춤춘다.

하늘이 운다.
그대 이 세상에 존재하는
축하 세레머니일까.

# 뭐라 표현하기엔

♡♥

하늘이 끝없이 우네요.
내 마음도 따라 울어요.
왜 그런 건지
자꾸만 그대가 보여요.
맑은 눈동자
그리고 웃음,
카랑카랑한 목소리
그리고 흥겨움
싱그런 몸짓
그리고 뜨거움
그 어느 것 하나도
쉽사리 지나가질 않네요.
흠뻑 젖어버려
눈물 자욱 보이기 싫은데
꺼질 줄 모르는
그대 향한 그리움은
딱 꼬집어 말하기에는
심장이 터질 것 같아
우산 없이 얼굴을 듭니다.
이 비 그치고 나면
애태우다 잠든

얼룩진 눈가에 피어난
너무 사랑스런
꽃 한 송이 웃고 있겠죠.
나만이 향기를 누릴 수 있는
나만이 안아줄 수 있는
사랑의 꽃으로 말입니다.
여전히 빗줄기는
내 가슴을 때립니다.
미치도록 그리움으로.

심장이 터질 것 같아
우산 없이 얼굴을 듭니다.

# 살아있음이

행복하다.
하늘 같은 축복이다.
지난 계절의 생명들이
시한부로 살다가 가도
햇살은 여전히 뜨겁게
대지를 녹이며
흘러내리는 땀으로
사랑을 그리워한다.
기쁨이다.
바다 같은 축복이다.
짜증스런 투덜거림으로
태양을 가려도
바람은 여전히
뒷골목 모퉁이에서
등줄기 땀을 식혀주며
사랑을 노래한다.
평안이다.
호수 같은 축복이다.
뭔지 모를 불안함을
툭툭 털어버리고
공원 한 바퀴 돌아가는

하루하루의 삶이
더 단단함으로 살고자
운동화 끈 질끈 매며
입가에 맴도는
당신의 이름이
남은 시간을 더 설레게 한다.
이렇게 살아있음이
더할 나위 없이 감사하다.
이렇게 살아있음이
노래하고 춤추게 한다.

당신의 이름이
남은 시간을 더 설레게 한다.

## 고백

♡♥

내 안의 그대.
사랑합니다.

그리움이 더해가는
여름날 속 타는 남심,
어디쯤 달려가야
그대가 내 옆에 앉을까
가슴으로 안아
쿵쾅이는 숨소리와
뜨거운 두 손 잡고
꿈이라도 좋을 자리에서
도란도란 마주하련다.
생각만으로도 어여쁜
품 안의 공주님은
오늘이 지나고
내일이 밝아온대도
분홍빛 설렘을 주는
맞춤형 사랑.
누가 뭐래도 여신,
어디에 있어도 여신.
보고 싶고
미치도록 보고 싶은
내 안의 그대.
사랑합니다.

# 잠 못 드는 밤

♡♥

밤이 고독하다는 건
잠 못 이루는 가슴 때문이며

뒤척이는 자리에
열기가 더해가며
다가오는 새벽을 깨운다.
조금만 더 가까이
꿈나라로 달려갈 수 있다면
곤히 잠든 그대 얼굴
감싸줄 수 있을 텐데
불면의 밤은
꼬깃꼬깃 접혀져 가며
애를 태우고 있다.
어둠 속에서 느끼는
선풍기 바람 소리만이
껌뻑이는 두 눈을 받쳐 들고
하염없는 그리움을
죽어라 기다리게 한다.
밤이 고독하다는 건
잠 못 이루는 가슴 때문이며
만남이 멀다는 건
옆에 없는 빈 마음 때문이다.
어떻하든 이 밤 이 자리를
정인情人의 손길로 채우기 위해
눈을 감아야겠다.
드디어 그대가 달려온다.

# 그대는

♡♥

틈만 나면 내 눈길은
하늘을 바라보며…
그대는 내 하늘이다

그대는 하늘이다.
눈을 들었을 때
그대가 거기에 있어
와락 가슴으로 품었다.
틈만 나면 내 눈길은
하늘을 바라보며
언제나 그랬듯이
노래를 부른다.
그대는 하늘이다.
여름마저 녹여버리는
짜증스런 더위에
초록빛 바다를 담아놓은
그대 눈동자 깊은 곳은
시원한 나라로 끌어주며
숨 막히게 나를 안아준다.
그대는 하늘이다.
꼬옥 안아주고픈.
오늘도
내일도
영원히
그대는 내 하늘이다.

# 꽃 바람 하늘 비

향기가 좋아서
빛깔이 순박해서
오감을 사로잡는
그댄 들꽃 한 송이.
화를 재워주고
이마의 땀 식혀주고
가슴을 뚫어주는
그댄 한 줄기 바람.
탁 트임이 좋아서
심장을 던질 수 있어서
그리움을 맘껏 그리는
그댄 끝없는 파란 하늘.
메마름을 적셔주니
목마름을 살려주니
숨 쉴 수 있어 행복한
그댄 내 안의 단비.
꽃 바람 하늘 비
내 안에 와 있는 그대여.

꽃 바람 하늘 비
내 안에 와 있는 그대여.

# 차 한잔 마시며

입 안 가득 퍼지는
커피 향에 취해
잔뜩 찌푸린 하늘도
먹구름을 흘려보내고
쉼을 누리자며
꿈길을 부른다.
찻잔이 비워질 즈음엔
그리움에 푹 빠진 가슴도
밝아올 아침의 만남을
활짝 웃음으로 보여주며
포근한 안아줌을
간절히 사모할 꺼다.
깊은 숲에 가고픈 건
언제 어느 때라도
푸르름을 채워주는
신비한 생명력 때문임을
그대의 품에 안길 때
같은 감성이 일어난다.
늘 그립고 절절한 건
숨을 거두고 떠난다 해도
견딜 수 없는 뜨거움이

우리의 하늘 아래를
둥실둥실 눈물 흘리며
떠돌아다닐 거다.
처음부터 여기까지
똑같은 마음으로 왔으니까.

포근한 안아줌을
간절히 사모할 꺼다

# 쉼

♡♥

거침없이 달려 내려온
남쪽 하늘 아래
깎아지른 바위는
산들산들 솔잎을 흔들며
차가운 물살을
구름거울에 띄워준다.
어제저녁 닫힌
회색빛 도화지는
이른 아침부터 붓질을 하며
시원한 물줄기를 쏟아내고
귓가를 때리는 빗소리는
꼬옥 안아주는 가슴만으로도
세상 부러울 것 없는
안식의 노래를 재촉한다.
얼굴을 마주하여
천진한 웃음을 주고받아
사랑스럽기만 한 소녀는
이미 모든 것 다 내어 준
가슴 따뜻한 쉼터가 되고
바라만 봐도 설레는
신비스런 선물 꾸러미로

손끝을 짜릿하게 한다.
어제보다 오늘이 행복한건
내일을 더 흥분시키는
중독된 숨결의 향기 때문에
그대의 눈망울이 더 맑게
그리움에 젖어있는 마음을
한결 촉촉하게 몰아간다.
여기 이렇게 평온한 시간이
멈춰지면 좋을 것을
자연이 알고 내가 알고
함께 잡은 두 손이 알기에
아무 말 없어도 자연스레
둘만의 쉼은 시간을 잠재운다.
그대와 나,
이게 바로 우리의 쉼이다.

그대와 나,
이게 바로 우리의 쉼이다.

## 사랑 ♡♥

나를 위함이 아니라
너를 감싸줌이 사랑이지.
내 껍질이 낡아지고 주름져도
너를 지켜줌이 사랑이지.
고백보다는 노래가
노래보다는 춤사위로
어우러지는 게 사랑이지.
눈을 뜨면 꿈꾸고 싶고
꿈을 꾸면 깨어나기 싫은
아쉬움이 사랑이지.
가릴 수 없는 하늘도
채울 수 없는 바다도
당신을 그려 넣을 수 있음이
말이 필요 없는 사랑이지.
함께한 어제가 오늘이 되었어도
내일도 그렇게 될 거라고
그래서 행복한 게 사랑이지.
당신을 부르고 불러도
그립다 말하고 또 말해도
여전히 목마른 게 사랑이지.
시간이 흘러 세월이 쌓여도

점점 더 애틋하고 눈물겨운 게
너와 나의 사랑이지.
사랑은 지금도 무럭무럭
자라나고 있다.
사랑하기에.

여전히 목마른 게 사랑이지.
시간이 흘러 세월이 쌓여도

## 가장 좋은 것

계절이 주는 감정은
참 여러 가지다.
봄은 새로움으로
더 큰 사랑의 결심을 준다.
여름은 뜨거움으로
열정적인 사랑을 적셔준다.
가을은 절절한 가슴으로
소담스런 눈길을 안겨준다.
겨울은 따스한 손길로
포근한 하나 됨을 안겨준다.
어느 계절이 다가오고
안녕하며 떠나가도
그 어느 것 하나
버려지지 않은 숨결로
차곡차곡 쌓여만 간다.
이렇듯 한 사람을 품는 건
이 세상 그 무엇보다
높푸른 하늘을 간직하여
그 어떤 아쉬움과 아픔도
끝없이 토닥여주는
사랑의 계절이라고…

지금 나는 이 세상에서
가장 좋은 사람과
가장 행복한 꿈을 일구어가는
사랑의 농부가 되어 있다.

지금 나는 이 세상에서
가장 좋은 사람과
가장 행복한 꿈을 일구어가는
사랑의 농부가 되어 있다.

## 하고 싶은 말

왜 이렇게도
꿈길은 그대를 부르는지
눈을 뜬 아침 자리는
지난 밤 동행을 그리며
마음 밖으로 내보내지 못하고
해가 솟아올라 뜨거워도
그대를 품은 가슴을
도저히 이겨낼 수가 없다.
가끔씩 스치는 바람은
찌릿찌릿 그대의 향기를
숨죽이게 몰아오는데
시간이 흐를수록
더 거세게 휘몰아치는
하나 됨의 노래는
가늠할 수 없는 열정으로
붉은 벽돌을 한 칸 한 칸
쌓아 올라간다.
시계소리를 멈추고
둘만의 순간을 간직할 수 있다면
행복은 말하지 않아도
가슴으로 알아차릴 수 있는

꺼지지 않는 불꽃으로
사랑을 노래한다.
그 어떤 말이 필요할까.
내 안에 녹아버린 그대는
모든 걸 담가 두어야 할
소중한 바다로 출렁이며
하나로 묶어주는
영원한 고리가 되었다.
사랑해요.

사랑을 노래한다.
그 어떤 말이 필요할까.

## 비와 사랑

♡♥

사랑은 이렇게 젖어든다.

여름을 이별하려는
하늘의 눈물이
더위에 지쳐있는 숲을
절정의 초록으로 물들이며
그리운 가슴에
스륵스륵 스며든다.
밤 사이 세상을 덮은
검은 구름의 부딪힘이
날 밝은 아침
창문 두드리는 소리에
부시시 눈을 뜨게 한다.
오늘은 어떤 설렘으로
만남을 자축할까 생각하면
어느새 촉촉한 가슴은
그대를 꼬옥 안아버렸고
가득 채운 마음 사랑바구니는
누가 뭐랄 것도 없이
쿵쾅거리며 달려간다.
어제부터 내리는 비님은
더 애틋하게 맞이하는
최고의 선물이라고 노래한다.
사랑은 이렇게 젖어든다.

# 기다리는 사랑

♡♥

하루 이틀
그리고
언제나 그랬듯이
기다림은 꿈입니다.
만나면 행복한 웃음으로
기나긴 포옹을 할 거니까요.
그래서 기다리는 사랑은
눈물 나지만 아름답습니다.
조금은 아파도 괜찮습니다.
함께할 가슴 벅찬 날이
기다리고 있으니까요.
기다리는 아픔이
생활이라고 해도
매일 더하는 설렘을 주기에
눈물겨워도 견뎌냅니다.
기다리는 사랑,
그건 하루를 버티는 극약입니다.
사랑이기에.

기다리는 사랑,
그건 하루를 버티는 극약입니다.

## 시외버스를 타고 ♡♥

비 내리는 아침
차창에 부딪히는 물방울이
왠지 모를 상념을 부르며
끝도 없는 그리움을
뭉클하게 끌어내고
철없어도 좋을 고백으로
한 입 두 입 하늘을 삼킨다.
우산을 받쳐 든 행인들의
여유로운 발걸음과
흠뻑 젖은 야산의 초록들이
저만큼 다가와 기다리는
가을의 정취를 미리 보여주는
참 아름다운 날이라고
속노래를 무진장 불러댄다.
긴긴 비 그칠 때쯤이면
그토록 보고파 하는 사람은
옆자리 지키며 손잡으려나
여전히 쿵쾅이는 가슴이
흘러 흘러 그대 감은 두 눈에
쏘옥 들어갈 수 있으면
말이 필요 없는 행복이라고

활짝 웃으며 뽐낸다.
달리고 달려온 이곳
이미 그대는
나와 함께 걷고 있다.

이미 그대는
나와 함께 걷고 있다.

제2부

# 맛있는 사랑

바스락 소리조차도
설렘을 주는
꽃보다 아름다운
냇물 같은 사람.

## 우리는

힘내요
믿어요
사랑해요라는
한 마디에 웃고
가슴이 넓어지고
동심의 세계 펼쳐지며
때묻지않은 마음으로
먼지 가득한 세상을
꼬옥 덮어주고픈
파란나라의 주인공입니다.
순간순간이 눈물겹고
그리움 투성이라해도
마지막 향기 발하는
가을을 맞이하는
여름날 꽃 한송이처럼
추억의 여행 만들어
차곡차곡 한켠에 쌓아
먼 훗날에 한 모금 웃음으로
그대 문 앞에 서서
애절하게 노래하는 손님.
바라볼수록 가슴뛰고

날이갈수록 뜨거워지는
견딜 수 없는 심정으로
내일을 눈물겹게 기다리는
하늘 아래 순수의 사랑.
우리는 이렇게
동화의 성을 쌓아간다.
영원을 꿈꾸며…

힘내요
믿어요
사랑해요라는
한 마디에 웃고

# 가을 노래

부르고 또 불러서
끝까지 품어주는 게
살아가는 의미이겠지.

지독하게 뜨거웠던
여름 태양을 견뎌내며
오랜 날 달려온
담벼락 밑 잡초들이
옷 갈아입을 준비 하고
비를 잔뜩 머금은 구름은
가로수 잎새들에게
새로 오는 계절을 맞으라
바람으로 흔들어 댄다.
한번 더 하늘이 우는 날
그리움도 다가와
반가이 가을을 맞으려나.
산다는 것이 절절한 것은
하루를 돌려보내도
내일이 다시 찾아와
여전한 가슴 떨림으로
나뭇잎 다 떨어지는 날까지
하나 둘 세어가며
식어지지 않을 노래를
부르고 또 불러서
끝까지 품어주는 게
살아가는 의미이겠지.

# 흐린 가을 하늘에

♡♥

흐린 가을 하늘에
편지를 쓴다

노랫말 한 소절이
떠올라서가 아니라
마음이 말하는 대로
그대 떠나간 자리엔
언제나 그랬듯이
흐린 하늘이 있다네.
찬바람 보이지 않는
늘 시원한 겨울에도
뜨거워도 뜨겁지 않은
늘 따스한 여름에도
시들지 않는 꽃으로
그대는 내 안에 하늘이라네.
시간을 돌려간다면
하늘은 바다를 품어줄까
바람은 눈물을 말려줄까
마지막 생명을 지키려는
흔들리는 잎새의 울음이
잠깐도 견뎌내지 못하는
끝없는 그리움의 노래를
오늘도 변함없는 숨결로
흐린 가을 하늘에
편지를 쓴다.
언제까지나 사랑이기에.

# 미치도록 그리운

가슴이 답답해져 옴을
서늘한 밤공기가 부축이고
구름 없는 하늘은
시리도록 눈꺼풀을
문질러댄다.
한 가닥 두 가닥
힘을 잃어가는 풀꽃이
서글픔을 흔들림으로 노래하고
고개를 떨구며
그리움에 지쳐가는
가을 사내의 심장을
슥슥 도려내며 운다.
옆자리가 더 허전한 건
점점 길어져만 가는
계절의 어둠 때문이라고
핑계 아닌 핑계를 둘러대며
깊어만 가는
침묵 속에 흐르는
못난 자존심 보여주기 싫어
지금 여기서 한숨 내쉬고
미치도록 그리워

열병 같은 사랑앓이로
슬며시 눈물 훔치는
만남을 기다리며
밤을 죽여야 하는 애심.
그 어떤 표현도
대신하지 못하는
미치도록 그리운 순간
미치도록 그리운 사람 있다고
떨리는 입술로 노래한다.

미치도록 그리운 사람 있다고
떨리는 입술로 노래한다.

# 꿈

♡♥

꿈길에서 부르고픈
가슴시린 사람이
저만치에 웃고 있다.

계절이 바뀌는 지금
한낮 졸음이 많아지며
가슴 설움을 캐낼 때
눈꺼풀이 무겁고
꿈길에서 부르고픈
가슴시린 사람이
저만치에 웃고 있다.
얼만큼 달려가면
그리움이 멈춰질까.
단풍을 먹기 시작하는
거리의 잎새들이
모두 내려앉을 즈음엔
편안한 웃음으로
서로에게 큰 선물로
꼬옥 안겨 있겠지.
지난 아픔의 눈물이
하늘을 만나서
둘도 없는 뭉게구름 되어
행복으로 손에 잡히니
그냥 그냥 지금처럼
꿈을 꾸며 살고 싶다.
하늘에 녹아드는 꿈은
끝없는 우리의 기쁨이다.

# 한 사람

♡♥

주머니에 두 손을 넣어
힘주어 잡아줄
한 사람,

긴긴 여름날
꼬옥 쥔 두 손을
더 뜨겁게 해준
한 사람,
그 사람이 있어
뿌듯했다 고백합니다.
낙엽 날리는 바람에
옷깃을 고쳐 올리며
주머니에 두 손을 넣어
힘주어 잡아줄
한 사람,
그 사람이 있어
포근하다 고백합니다.
흰 눈에 콧등이 얼어
볼마저도 시큰거릴 때
뎁혀진 두 손으로
아낌없이 어루만져줄
한 사람,
그 사람이 있어
행복하다 고백합니다.
한 사람,
그 사람이 사랑의 날을
매일 매일 만들어 줍니다.

# 무념

내 안에 그대가 있는데
내 옆에 그대가 없다.
어느 곳 그대가 없어도
내 안에 그대가 있다.
내 눈에 하늘이 있는데
내 앞에 태양이 없다.
하늘에 태양이 없어도
내 맘에 하늘이 있다.
있어도 없고
없어도 있는
없어도 있고
있어도 없는
여기 이 자리엔
무념무상뿐이다.
아무 생각 없이
밤이 또 온다.

어느 곳 그대가 없어도
내 안에 그대가 있다.

# 그냥 그냥

♡♥

그립다 사랑한다
언제까지라도 부를 테다.

가을 한가운데
그야말로 새파란 하늘
뻥 뚫리고 나면
저만치 달아난 여름이
다정하게 돌아올까.
하루 해 저물고 나면
아파하던 날들이
평온 속에 잠들 수 있을까.
어느새 햇살이
내 안에 들어와 웃는다.
가고 또 가다 보면
잊힐 건 잊어지겠고
보고 싶은 건 기다리겠지.
저 하늘 끝 아니라도
철지난 바다가 부르는
파도의 노래가 있다면
머리칼 휘날려
시려진 가슴 덮어가며
철부지라고 말해도 좋을
그립다 사랑한다
언제까지라도 부를 테다.
오늘이 가기 전에
그냥 그냥…

# 가을이 오면

더 외로워지겠지.
거리를 수놓는 낙엽과 함께
가슴 한켠이 아려오고
차가운 손 움켜쥐며
하늘 한번 바라볼 때
지난여름이 엄청 그리울 거다.
맘먹은 대로 되어주는 게
살아가는 현실이라면
사랑은 없었을 테고
웃음도 눈물도
아무런 의미 없는 건조함
한줄기 바람이었으리.
그래도 살아있음이 좋은 건
아직은 심장이 뛰고
가슴이 뜨겁기 때문이라고
멀기만 한 나라를 향해
별 볼일 없이 달려가는
바보 같은 녀석이
왠지 모르게 기특하다.
가을이 오면
더 큰 용기를 내서

더 많이 사랑한다고
철없는 노래로 고백해야겠다.
외로움 가라.

가을이 오면
철없는 노래로 고백해야겠다.
외로움 가라.

# 나는 바보다 ♡♥

마음을 숨겨
꾹꾹 눌러 침묵하는 건
세상 가장 힘든 일이라고
손발 오그려가며
태연히 창밖을 보니
늘어진 은행나무 가지
실바람에 가녀리게 흔들린다.
감출 수 없는 진심을
아닌 척 눈 감아버리는 건
죽음보다 강한 사랑을
두 번 아프게 하는
돌아보고 싶지 않은 통증.
차라리 맞기라도 한 거라면
한 번 신음으로 넘길 텐데
구겨진 진실의 심장이
뚝뚝 눈물을 흘리고
자꾸 빈 하늘을 바라보며
긴 한숨을 잠재운다.
골백번을 생각해봐도
천번 만번을 물어봐도
한 입으로 고백할 수 있는 건

아직 멀고 먼 아이라 해도
유치하고 철없다 해도
사랑에 눈먼 사람이라고
두 눈 질끈 감는다.
나는 바보다.

아직 멀고 먼 아이라 해도
유치하고 철없다 해도
사랑에 눈먼 사람이라고

# 가을 사랑

♡♥

하나 됨의 감격을
더 깊이 간직할 수 있으리.

바람이 분다.
아무 생각 없는
가을바람이 분다.
하늘도 덩달아 춤을 춘다.
별빛 하나 없어도
눈가에 아롱지는 빛은
눈물을 만나는
그리움의 열망 때문.
어둠의 빛깔 더 짙어지면
하나 됨의 감격을
더 깊이 간직할 수 있으리.
계절을 보내는 이별 노래가
얼마큼 가슴을 후벼야
여름을 잊고
가을을 안아줄까.
끝없는 멜로디가
가슴으로 품어지기까지
처음 그 순간부터
온 맘으로 껴안은 열정이기에
후회 없는 사랑이라
부르고 또 부르리라.

# 휴(休)

♡♥

하늘 아래 가장 행복한
나만의 안식이라 고백한다.

시간이 지나면
저 달도 그림자 숨기고
구름 벗 삼아
바람 소리 곁에서
가는 세월 붙잡을 텐데
가슴에 품어둔 그리움이
한 발짝 곁으로 왔다.
물 들어가는 나뭇잎
노래 한 소절에 맞춰
너울너울 내려앉으면
저만치 달아난 계절이
어느새 정겨운 목소리
아낌없이 다가와
포근한 설렘을 안겨준다.
바빴던 날들의 땀방울도
거침없이 달려온 수고도
한 박자 쉬어가자고
모른 채 눈감아 버릴 때
두 손 꼭 잡아 가슴에 대면
더 이상 말이 필요 없는
하늘 아래 가장 행복한
나만의 안식이라 고백한다.
나, 그대 안에 쉼.

# 마음

♡♥

하늘이 있고
구름이 흘러가고
바람이 분다.
석양이 다가오고
잎새 흔들리며
깊은숨 몰아쉰다.
오늘을 살아가고
내일을 기다려도
변하지 않는 건
언제나 똑같은 그리움.
내가 아니었어도
사랑받을 사람,
그대 아니면
심장이 멎을 사람.
가슴이 뛴다.
눈물이 돈다.
마음이 내려앉는다.
엄마 품 파고들 듯
사랑만 보이기에.
힘없는 모습에
초라한 구애의 노래는

감당할 수 없는
설움을 안겨주며
또 하루를 잠재운다.

눈물이 돈다.
마음이 내려앉는다.
엄마 품 파고들 듯
사랑만 보이기에.

## 당신은 사랑입니다 ♡♥

하늘이 회색 옷을
입었습니다.
매일 파란 옷을
입고 싶었는데
뭐가 그리도 아픈 건지
빗물로 씻어줍니다.
흘러 강이 되기까지는
넘어야 할 산이 많아
이곳저곳 흙탕물이
휘어 감습니다.
가을을 넘어서려는
남아있는 땀방울마저
애써 보내야만
저만치 활짝 웃는
힘겨워하는 사랑꽃을
안아줄 수 있을 겁니다.
인생을 걸고 반해버린
명랑 시원한 웃음과
달콤한 사랑의 열정까지
모락모락 피어나는
해맑은 보금자리는

다시 한번 변신하게 될
어느 계절의 나무 아래
뿌리 깊은 연정의 노래로
나뭇잎을 흔들어
쿵쾅이는 심장을
시원하게 식힐 겁니다.
당신은 사랑입니다.

뿌리 깊은 연정의 노래로
나뭇잎을 흔들어
쿵쾅이는 심장을
시원하게 식힐 겁니다.

## 가을 타는 사랑

설렘으로 끝나지 않을
안아줌이 있기까지
여전히 사랑은
달리고 또 달리는
가슴 뜨거운 소망.
안개에 쌓인 하얀 숲속
은빛 햇살 내리며
손가락 끝에 걸려있는
파란 하늘의 풍경이
못다 한 고백을
하나 둘 노래하고픈
계절의 선물이라고
한 뼘 더 가까이 다가온
그리움 그대로인 그대는
더 이상 늦출 수 없는
매일 눈에 밟히는 혹.
깊어진 가을날
떨어진 잎새 책갈피에 끼워
다시 만날 때
꽃을 피우기 위해
그토록 땀 흘렸던 시절

예쁘기만 했던 날들을
살짝 눈감아 웃음 짓고
파란 하늘 성큼성큼 채워가는
뭉게구름에게 말할 수 있다.
그대 나에게 왔다고.
그대 내 안에 있다고.
그대 사랑한다고.

떨어진 잎새 책갈피에 끼워
다시 만날 때
꽃을 피우기 위해
그토록 땀 흘렸던 시절

# 사랑병

♡♥

나는 바보
조금 전 봤는데
그리움이라 투덜대니
아무래도 병은 병.
입구가 어디고
출구가 어딘지
매일 문고리를 잡는데
여전히 노크하고 있다.
잡아준 손도 가슴도
식을 줄 모르고 뜨거운데
가슴이 시리다고
눈물 뚝뚝 흘리니
심장이 아파한다.
아침 해 또 오르면
지난 밤 꿈길이
아련한 추억의 날
터벅터벅 걸어서
밤하늘 별빛 출렁이는
동행의 자리까지
웃어도 좋고
눈물 흘려도 좋을

넘쳐나는 못고침병
둘만의 이야기 시작이다.
어디까지 이어지는지
미소로 지켜보자.
지금은 바라봄 그대로
사랑이고 행복일 테니.

웃어도 좋고
눈물 흘려도 좋을
넘쳐나는 못고침병

# 늘 하루같이

빨리도 달려온 시간
길고도 긴 꼬리를
여기까지 품고 왔네.
아파서 울 때는
하늘도 보이지 않아
마냥 흐리기만 했었고
첨벙 빠져버린 마음은
그냥 붙잡아 매달리는
애절함뿐이었다네.
사람이 이렇게 소중한 건
시린 손 잡아주어
품에 안아준 정으로
끝내 보내지 못하고
심장 끝까지 품어준
고마운 사랑 때문이라네.
힘겹지만 행복하게 걸어온
긴긴날들의 함께함이
흑백사진 속에 추억으로
편안히 자리 앉을 때면
주름진 얼굴 만져주며
그대 나의 축복이라고

낮은 소리로 말할 겁니다.
여기 이 자리에서 다시
또 앞으로 수많은 날을
두 손 꼬옥 잡고 걸어갑시다.

또 앞으로 수많은 날을
두 손 꼬옥 잡고 걸어갑시다.

## 그리움이 있으니 ♡♥

삶 자체가 외로움이니
길게 울지 말아라.
냇물이 흐르는 것도
슬픔을 견디기 위함이니
단풍 붉게 물들면
달려가 손 담그고 말하리.
인생은 외로움이라고.
텅 빈 가슴이 있어
더 가득 나의 그리움을
채울 수 있음이여.
풀잎 색깔 변하여 떨어져도
하늘은 한층 더 푸르게
안겨 오리니
받는 기쁨은 짧아도
주는 기쁨은 쭈욱 가기에
진정 행복한 사람은
그대 보고 싶다 말하고
그대에게 가고 싶다 고백하며
더 깊은 입맞춤으로
눈물로 쌓여가는
사랑의 완성을 노래하라.

가을에 취하고픈 한 사람
한걸음 뒤따라오는 그림자에
끝끝내 말하고픈 한 마디,
곁에 있을께요.
사랑해요.
이렇게 가을나무 한 그루는
꽃으로 다가온 너를
사랑이라 말하고
꼬옥 안아주었다.
언제까지나.
가을 깊어 겨울이 와도.
이젠 더 이상
외로움을 노래하지 말자.
그래도 그리움이 있으니.

끝끝내 말하고픈 한 마디,
곁에 있을께요.

# 가을 상념

해 넘어가며
별빛으로 밝아지는 하늘에
그대 그립다 씁니다.
새벽이 밝아 올 때
찬 공기 마시며
바닷가로 마중 나가
사랑의 섬에
외로워 우는 사람
찝찔한 바람 내음이
핑 도는 사연을 노래합니다.
그대를 사랑함은
아침 이슬로 인사하고
힘이 솟아나도
겸손히 고개를 숙이며
함께할 날을 웃음 짓고
뜨거운 인사
가슴으로 나눕니다.
쓸고 내려간 빗줄기 보며
젖은 눈길의 그대 안았고
가을 잎새 떨어뜨린
한줄기 갈색 바람 속에서

여전히 따스하게 다가오는
아주 작은 소중함을
활활 타오르는 심장 안에
아낌없이 묻어둡니다.
가을아~
외롭다고 쓸쓸하다고
고독하다고
어디 한번 떼 써봐라.
난 사랑이 있거든.

가을아~
어디 한번 떼 써봐라.
난 사랑이 있거든.

## 새벽 사랑

그대 곁으로 가기 위해
하루를 접습니다.
세상이 조용하네요.
가끔씩 들려오는
가을벌레 울음소리만
어둠을 물들입니다.
살아있음이 좋은 건
적막조차도 정겹고
가슴을 뜨겁게 데워주며
꿈길에서라도 따스하게
안겨오는 당신 때문입니다.
한 자 한 자 적어 내려가는
그리움 향한 속삭임은
깊은 가을을 맞이하고픈
끝없는 달콤한 욕심이
이미 심장 깊숙이 자리한
끊어낼 수 없는 핏줄기로
끓어오르는 징표입니다.
아침을 기다리는 숨결이
애틋하다 말할 수 있는 건
처음 만난 찌릿한 울림부터

시간을 쌓아가며 부푼
견딜 수 없는 질긴 사랑이
하늘을 덮고도 남을
환희의 송가였다고 읊조리는
한 사람만을 향한
끝없는 사랑의 고백이
눈물겨운 시 한 편으로
읽히는 기쁨 때문입니다.
새벽은 당신과 함께
더 짙은 그리움으로 잠들어갑니다.

살아있음이 좋은 건
적막조차도 정겹고

# 나는

잠시라도 쉬어갈 수 있는
마음속 나무 그늘
욕심 없는 꽃향기 속으로
행복 찾아 떠나는
나는 참 괜찮은 사람이다.

좋아한다는 말을
수만 번은 더 한 것 같은데
사랑한다는 말 한마디에
가슴이 녹아드는
나는 참 따뜻한 사람이다.

오늘 가고 내일이 와도
가을이 가고 겨울이 와도
하늘은 하늘로
바다는 바다로
여전히 향기론 꽃으로
산기슭에 뿌렸던
가을 단풍 눈물을
눈으로 안고 가슴으로 품는
나는 참 사람다운 사람이다.

한없이 받은 사랑이
흘러넘쳐 강물이 되어
그립다 말하면 눈물이기에
가장 좋은 건 미소를 짓는 것,
누가 뭐래도
사랑은 사랑으로만 가능하기에
세상이 아름답다 말하며
그대 바라볼 수 있는
나는 참 행복한 사람이다.

내 안에 그대 있기에
고독을 안녕하며
보고 싶고 또 보고 싶어
너와 나 우리로 걸어가는
나는 참 사랑에 빠진 사람이다

그대 바라볼 수 있는
나는 참 행복한 사람이다

## 첫 설렘 꿈꾸며 ♡♥

봄날이었을 거예요.
저녁 달빛처럼
달달하게 살며시 다가와
전부가 되어버린 그대.
내 맘속에 들어온 후
늘 그리움이 되어버려
보고 싶다는 말을
가슴 시리도록 외쳐댄
하나뿐인 그대.
별이라도 따다 주고픈데
자꾸만 내 손이 작아져
더 좋은 걸 주지 못해
마음 터질 것 같은
바보 같은 바보.
그리워 잠 못 이루는 밤
하늘 끝까지 넘쳐흐르는
은하수 물결 건너
오랜 시간으로 빛바랜
추억의 얼굴 이름 된다 해도
부르고 또 불러
사랑할 수밖에 없는

내 안의 한 사람으로
한 걸음 두 걸음
숨 다하여 눈감을 때까지
손 꼭 잡고 가련다.
내년 봄날이 기다려진다.
첫 설렘이 아름다워서.

사랑할 수밖에 없는
내 안의 한 사람

# 아~ 이게 사랑이다 ♡♥

나뭇잎 말라 바스락
추억이 밟힐 때면
그리움 가득 찬
편지 한 통 받았으면 좋겠다.
꽃잎 흘러 지나가고
하늘 뭉게구름으로
깊은 정 몰아오는
보고픔 가득 고인
청청한 호수라면
돌멩이 던져
춤추는 물결 느끼면 좋겠다.
코끝에 징 하게 와닿는
깊어만 가는 가을이
향긋한 차 한 잔 마주한
눈으로 주고받은 웃음은
인연의 이음줄을 잡고
가슴이 따뜻한 사람
끝까지 훨훨 따라 날아가
사랑의 향기 가득한 품에
폭신 안겨 잠들면 좋겠다.
그 어떤 미소보다

억만 배는 더 아름다운
담백하고 달콤한 웃음소리로
가깝지도 멀지도 않은
있는 그대로 함께 숨 쉬며
촉촉한 눈빛으로 바라볼 때
여기까지 안아주며 왔듯이
눈을 뜰 수 없을 때까지
한결같은 마음과 고백으로
사랑을 이어갔으면 좋겠다.
아~이게 사랑이다.

그리움 가득 찬
편지 한 통 받았으면 좋겠다.

## 맛있는 사랑

♡♥

바스락 소리조차도
설렘을 주는

허공을 가르는
헛기침 소리.
때로는
어깨 기대어주며
바스락 소리조차도
설렘을 주는
꽃보다 아름다운
냇물 같은 사람.
홀로 가기엔
손발 너무 시려워
슬픔 숨길 수 없어도
행복한 사랑이라면
사랑의 농도를
다 헤아려보지 않아도
함박웃음 머금고
내 삶의 넉넉한 그림자라
고백할 겁니다.
나도 당신에게
안개꽃처럼 안겨 오는
그리움이면 좋겠습니다.
사랑 참 맛있습니다.

# 꿈에

♡♥

예민한 밤이
꿈으로 지나갔다.
쳇바퀴 도는
씁쓸한 노동으로
식은땀 흘리며
아침은 흐느낀다.
그래도 감사한 건
이 자리 지키며
다시 호흡하는
하루를 출연받은
꿈길의 주인공 된 것.
차가운 햇살은
뜨거운 그리움으로
충분히 데워서
오늘을 살게 하는
힘이 되어줄 터.
꿈에
당신은 내게 왔다.

꿈에

# 사랑 참 아름답다 ♡♥

따뜻한 햇살이 그립다.
향긋한 미소로
봄날 바람에 흔들리는
들풀로 다가와
잠 못 이룬 밤 안아준
꽃향기 가득한 사람.
푸른 하늘 전부에
당신 모습 그리고
나 당신 삶에
소중한 한 부분 되어
누군가 그리워
터덜거리던 때가 있다면
안개 속 희미한 자리
이제는 내가 그 자리
그리움이면 좋겠다.
휴식 같은 넉넉한 사람,
하루하루 바쁜 여정에
소리 없이 들어와
사랑을 담아줄 수 있는
마음 포근한 사람이
지금 내 앞에 있는 사람.

잊히지 않는 첫 설렘으로
시간이 흐를수록
가슴 더 깊이 새겨지는
너무 예쁜 사람.
사랑 참 아름답다.

마음 포근한 사람이
지금 내 앞에 있는 사람.

# 인연 2

♡♥

정으로 살아간다는 건
내가 그만큼 당신을
눈에 진물 나도록
그리워한다는 거겠지요.
저 하늘의 심술이
뭉게구름마저 몰아내고
눈부시도록 푸르고 싶어
초롱초롱한 눈망울
가을이 다 가도록
바람결에 앉혀놓겠지요.
발길 닿는 곳마다
찰랑이는 머릿결이 따라와
얼굴 간지럽히고
향기로운 꽃처럼
언제까지나 기억 속에 새겨질
한 모금 샘물로
나를 적셔주었지요.
화려하진 않지만
은은한 미소를 머금어
해맑은 치근거림으로
활짝 웃게 만들어준

가을햇살보다 더 따사로운
하늘을 닮은 그대는
말이 더 필요 없는
꼬옥 안아 함께하고픈
인연입니다.

말이 더 필요 없는
꼬옥 안아 함께하고픈
인연입니다.

# 시월의 마지막 밤에 ♡♥

## - 잊혀진 계절이 아니다

부르고 싶은 노래
듣고 싶은 노래가 있다.
바람소리도 좋고
낙엽 밟는 소리는
더 깊은 정념으로
깊어가는 가을을
곁에 앉혀두고 싶어 한다.
헐벗은 나목들이
추워할 때쯤이면
하얀 솜옷 입혀주며
백설의 춤판을 벌이겠지.
시간이 한 겹 두 겹
눈물에 젖은 상처를
두툼히 쌓아가고
가슴속 깊은 울림으로
정겨운 목소리 들리는
그리운 날에
당신과 나 두 손 잡아
잊힌 계절 추억하며
자글자글한 눈가 미소를
아낌없이 나눠 가지겠지.

넘겨진 달력은 사라졌어도
내일의 문 활짝 열어준
함께한 날들의 고백은
더 이상 외롭지 않은
잊힌 계절이 아니다.
여전히 사랑으로
노래하고 있으니…

함께한 날들의 고백은
더 이상 외롭지 않은
잊힌 계절이 아니다.

## 첫날

♡♥

오늘도 첫날이면 좋겠다.

다시 맞은 첫날
먹먹한 가슴이
눈을 피곤하게 하는데
끝이 얼마 남지 않은
서러운 계절인가
쓸쓸한 가로수
차갑게 흔들린다.
오슬오슬 바람이
어제의 파란 하늘을
회색 옷으로 갈아입히고
저물어가는 하루
안아주고픈
따뜻한 가슴을 부른다.
첫날의 감동이
폭포수처럼 밀려오고
표현하기 힘든
짜릿한 쿵쾅거림은
살게 만들어주는 힘.
언제나 그랬듯이
소중한 작은 꿈은
언제까지나 함께 가고픈
오늘도 첫날이면 좋겠다.

# 사랑합니다

삼십 년이 지나
백발 되어도
손잡을 수 있는 사람이
당신이면 좋겠습니다.
기력이 다해
빈 수레마저 끌기 힘들어도
가슴깊이 함께할 사람이
당신이면 좋겠습니다.
오래 살고 싶진 않아도
살아가는 동안
옆자리 나란히 앉아
늘 부르고 싶은 이름은
여보 당신입니다.
기력이 다하여
눈을 희미하게 뜨는 날에도
당신을 알아보고
웃음 지을 수 있는
따뜻한 황혼이고 싶습니다.
오늘 지금 이 순간을
처음과 같은 끝처럼
당신을 사랑합니다.

빈 수레마저 끌기 힘들어도
가슴깊이 함께할 사람이
당신이면 좋겠습니다..

# 아침에 쓰는 편지 ♡♥

초겨울 아침
따스한 햇살 사이로
아침 편지를 띄웁니다.
어제도 그랬지만
오늘도 당신의 미소로
넉넉하게 행복할 거구요
껌딱지처럼
당신만 생각하는
그림자로 만족할 겁니다.
마음이 여유롭고
웃음 지을 수 있는 건
당신이 가져다 준
그리움과 사랑 때문이구요
하루를 살아가게 하며
날 뜨겁게 녹이는
마법 같은 당신의 마음 때문입니다.
오늘도 사랑의 샘물을
퍼내고 또 퍼내서
소중한 마음의 소리를
마음껏 들려주고
끝없이 들으며 살 겁니다.

사랑하구요
행복합니다.
당신 여전히 내 안에서
뛰어놀기에.

오늘도 사랑의 샘물을
퍼내고 또 퍼내서
소중한 마음의 소리를
마음껏 들려주고
끝없이 들으며 살 겁니다.

## 고백

하루를 살아도
내 안에 당신 있으면
난 당신 때문에
살 수 있습니다.
처음엔 아팠어도
자리 잡은 지금은
스치는 인연 아닌
간절한 소망입니다.
어제 꿈이 눈물이라면
오늘 아침은 행복이구요
돌고 돌아온 만남은
가슴 뛰는 흥분입니다.
말로 표현한 사랑보다
당신이 더 아름다운 건
붉은빛 그대 마음이
그리움으로 내 핏속을
흐르기 때문이구요
향기론 여느 꽃보다
더 향기 나는 그대 숨결은
가슴을 뛰게 하는
오직 한 사람만을 품은

사랑이라는 보석입니다.
우리의 지나간 흔적이
점점 진하게 나타나는 건
더 이상 거부할 수 없는
깊디깊은 설렘으로
오늘 또 하루를 살게 하는
세월의 노래 부르며 고백하는
사랑의 선물이기 때문입니다.
그래서 사랑한다는 고백은
아무리 하고 또 해도
지루하지 않고 부족합니다.
사랑합니다.

하루를 살아도
내 안에 당신 있으면
난 당신 때문에
살 수 있습니다.

# 그대 오는 길목

♡♥

그대 오는 길목은
언제나 설렘이 먼저다.

땅이 흔들렸다.
겨울이 오는 것이
싫었나 보다.
아직 가을의 추억이
갈색으로 남아서
동토의 길목을
애타게 지키나 보다.
며칠 새 창밖 은행나무
노랑 옷으로 갈아입고
하염없이 금빛을
거리에 칠하며
그리운 맘 흔들어댄다.
달이 뜬다.
꿈을 꾸고 싶어 달려온
늘어진 해그림자가
가로등 뒤로 숨어
별들을 부르며
긴긴 여행을 재촉하고
피곤한 하루 기대어줄
작은 어깨 준비해둔다.
그대 오는 길목은
언제나 설렘이 먼저다.
그래서 뜨겁다.

# 겨울 사랑

희망을 품는다.
어제 꿈이 아팠어도
태양을 다시
눈 안에 담았으니
오늘도 웃어야지.
살아가다 돌아보니
때론 눈물이
답답한 가슴을
시원하게 안아주니
삶이 아름답고
사랑이 싱그럽다.
얼음의 계절이
춥지만 않은 건
가슴으로 더 뜨겁게
꼬옥 안아주는
향그런 꽃송이와
순수한 미소 때문이다.
바람이 거세질수록
그리움은 더 서게
만남으로 다가올 거다.
겨울은 뜨거운 사랑을
한가득 가져온다.

희망을 품는다.
어제 꿈이 아팠어도

# 그래요 ♡♥

그래요.
당신이 좋아
당신을 바라봅니다.
설렘으로 마주했던
오래전 그날
처음 만남의 자리가
오늘따라 그립네요.
우리 언제 손잡고
추억의 곳에 가서
한바탕 웃음 키우며
지나온 날들을 이야기해요.
그래요.
당신이 좋아
당신을 사랑합니다.
미안하고 고마운
아름다운 사람이기에
말 못 하고 품어온
눈물 감춘 날들을
행복이라는 선물로
가득 안겨주고 싶습니다.
그래요.

더도 말고 덜도 말고
사랑할 수 없는
멀고 먼 그날까지
원 없이 당신을 보며
후회 없이 함께할래요.
그래요.
우리는 사랑이에요.

그래요.
당신이 좋아
당신을 사랑합니다.

## 비와 그리움

♡♥

모르겠다.
아침 비 내리는 소리에
하염없이 젖어드는
가슴의 눈물이
왜 이렇게 묵직한 건지.
어느 때부터인지
익숙하게 자리한
빗물의 친숙한 화음이
자연스런 안아줌의
촉촉한 향기 속으로
차분히 데려가고
그냥 이렇게 하루를
뒹굴거림으로 버티며
여전한 미소로 활짝 핀
치명적인 매력으로
지난 밤 꿈길을
쓰담쓰담 깨워준다.
비는 사랑이다.
그것도 아주 많이
그리움으로 외로움을
더 진하게 만드는

우리 둘의 노래이자
오늘을 살아가게 하는
뜨거운 심장이다.
비,
그래서 좋다.

오늘을 살아가게 하는
뜨거운 심장이다.
비,
그래서 좋다

# 아름다운 사람

당신이 아름답습니다.
지난 여름날의 풀잎처럼
싱그럽기 때문입니다.
마음의 고백을
눈가의 순진한 웃음으로
아낌없이 주었고요
그리움을 가슴으로 말하며
눈 내리는 겨울 창가에서
가을날 떨어지는 낙엽에게
연민의 정을 부탁하고
첫사랑의 열정을
가득 안겨주기 때문입니다.
이젠 햇살 내리는 오솔길에
넉넉한 하루하루의 푸근함을
기적 같은 만남의 소망으로
아기자기하게 펼치며
해지는 황혼 따뜻한 바람을
온몸으로 맞으며
두 손 잡아 외롭지 않은
우리의 둥지를 품어줄 겁니다.
사라지지 않을 숙명적 인연으로

시간을 먹어갈수록
더 달달한 포옹을 가져다준
당신은 참 아름다운 사람입니다.

시간을 먹어갈수록
더 달달한 포옹을 가져다준
당신은 참 아름다운 사람입니다.

## 함께하기

♡♥

행복할 수 있음은
그리워서 눈물짓고
친구 같은 편안함으로
사랑을 심어주는
정말 따뜻한 사람이
내 안에 있기 때문입니다.
팔베개라도 해주면
평안한 꿈나라에서
분홍빛 속삭임을
맘껏 누릴 수 있을 텐데
어느새 새벽으로
가슴 뛰는 쉴 자리를 안겨주며
두 볼을 어루만져줍니다.
찬바람 덜컹이는 창문을
빼꼼히 내다보고 싶지만
포근히 다가와 눈감은
가슴 아픈 안식이 깨질까
그저 꼬옥 안아줍니다.
원하지 않았던 고통을
찢어지는 공감으로
싸매주며 나누고 싶은데

아직은 어깨가 딱딱하고
가슴이 좁아 눈물 흘리며
미안함에 눈을 감습니다.
그래도 변함없는 소망은
아침이 밝아와 눈을 떠
한가득 위로의 웃음으로
또 하루를 살아갈 수 있게
사랑의 시를 노래하며
처음부터 지금까지 그랬듯
언제까지라도 함께 걸어가는
행복한 동행자로 있을 겁니다.
사랑합니다.
언제나 그랬듯이.

사랑합니다.
언제나 그랬듯이.

## 알았습니다

♡♥

내 사랑은
당신이라는 것을.

알았습니다.
오늘도 가슴 뛰는 이유를.
처음 만난 날이
가물가물해질 때쯤이면
그리움은 먼 나라
이야기일줄 알았는데
다시 맞이하는 세모의 계절이
여전한 첫날의 가슴 뜀을
기다림으로 노래합니다.
알았습니다.
오늘도 가슴이 뜨거운 이유를.
꿈길의 설렘이
멀리 도망가지 못하게
밤이 깊어지지 않기를
그대 꼬옥 안아 기도하며
언제나 하나라는 기쁨을
어둠 찾아온 하늘이
따뜻한 포옹으로 춤을 춥니다.
그래서 알았습니다.
이 세상 사랑이 흔하게 많아도
내 사랑은
당신이라는 것을.

# 겨울연가

♡♥

이렇게 한겨울도
함께 있어 뜨거운
참 행복한 사랑방이면 좋겠다.

바람 뚫린 차가운 들판
한 그루 나무
쓸쓸히 겨울을 맞으며
뜻 모를 눈물 훔치는
조금은 외로운 몸짓으로
힘겹게 하루를 보낸다.
여기까지 달려온 아픔이
얼마나 더 길어질지
캄캄해져 눈 가린 하늘을
죽어라 바라보지만
빛바랜 이슬만 내려앉는다.
동녘 햇살이 그리운 건
얼어붙은 손발 때문이 아니라
햇살 담은 미소가
미치도록 보고 싶어서
달리고 또 달리는 난
그대 향한 폭주기관차.
이렇게 한겨울도
함께 있어 뜨거운
참 행복한 사랑방이면 좋겠다.

제3부

# 사랑 참 좋다

사랑 때문에
가슴 절절한 뜨거움으로
사랑 때문에
하루를 차분하게 덮는다.
사랑 참 좋다.

# 운명인가봐요 ♡♥

여보~
끝까지 달려왔네요.
시작할 때 싹튼 그리움이
이제 보니 견딜 수 없는
목마름으로 꽃이 되었구요.
사내답지 못하다고
흘린 눈물 숨기며
뒤돌아 하늘 바라보았던
언젠가의 아픔조차
품어줄 수밖에 없는
샛별 한 송이 웃음 되었어요.
여보~
달리고 더 달리다 보면
지금 잡은 두 손
다시는 놓고 싶지 않아
당신 따스한 품에서
포근히 잠들고 말 겁니다.
왜 이렇게도
가슴이 메어오는 걸까요.
이만큼 살다 보면
무덤덤한 웃음으로

노래 한 자락
채울 줄 알았는데
여전히 그댄 내 가슴에
떨림을 안겨줍니다.
여보~
이게 운명인가 봐요.

여전히 그댄 내 가슴에
떨림을 안겨줍니다.

# 나는



참 바보다.
뭐가 그리도 좋은지
그저 실실거린다.
어떡해야 하나.
그런데 왜 자꾸만
심장이 뛰는지
참을 수가 없다.
하늘이 두 쪽이 나면
해가 서쪽에서 뜨려나
바람불어와 얼굴을 할퀴며
함께하는 기쁨을 안겨주고
미치도록 아주 깊게
불꽃을 피워주고픈
겨울을 깨워주는 꿈길로
그냥 그냥 걷고 싶다.
당신이 보고 싶은 만큼
당신을 사랑하고 싶은 만큼
이대로 죽는다 해도…

## 마음 2 ♡♥

산다는 건 정성.
그리우면 사랑
만남은 기쁨
이별은 아픔
사랑하면 기쁨
세월 가면 추억
함께함은 행복
늙어감은 믿음.
어제도 그랬고
오늘은 더하고
내일도 가슴 뛰는
이 세상 하나
널 향한 마음.
그 소망 하나로
내 안에 들이는
당신의 마음.

사랑의 향기는
또다시 함께할 세계로
가득 담아 떠나는 공간의 여행.

# 새로움

♡♥

오늘도 새롭다.
사랑하기에.

가는 세월 바라보면
저만치 어제의 웃음이
가슴 따스하게 손짓하며
여기만큼 달려온
뜨거운 심장을 안아준다.
수고했다고
애썼다고 속삭이는
달콤한 멜로디로
찬바람 이는 들판도
헤쳐가자며 어깨를 두드린다.
꽃길 막아서는 파도와
회색 하늘이 늘어져도
가야 할 길이 멀지만
하나 된 처음 감격 떠올리며
새롭게 열린 날과 인사하고
활짝 웃음 짓는 그대
분홍빛 품 안에 잠긴다.
행복 기쁨 주는 사랑,
오늘도 새롭다.
사랑하기에.

# 기대

♡♥

마음을 주면 줄수록 못다 준,
안개에 쌓인 깊디깊은 사랑의 숲 오솔길

억겁의 세월 안에서
얼굴 마주친 기억이
오늘의 만남이기를
죽어라 소망하며
짙어진 밤하늘 바라본다.
바람에 흔들리는 풀잎은
스륵스륵 울어대며
깊은 한숨으로
아픔을 대신하며
찢어질 듯 차갑기만 한
새벽 정념을 잠재우고
또 하루해가 오르면
멀리 도망가버릴 숨결을
차마 붙잡지 못하는
연약한 심장을 탓하며
두 눈 질끈 감아
솟구치는 눈물을 삼키겠지.
마음을 주면 줄수록 못다 준,
안개에 쌓인 깊디깊은 사랑의 숲 오솔길을
말없이 헤매는
볼품없는 사내로 서있을게다.

# 사는 날까지 ♡♥

한 모금 웃음에
쓰라림 숨어버리고
한줄기 눈물에
상처가 씻기는
하루하루의 만남이
숱한 날들 속에
기쁨가득 나무로
무럭무럭 자라나
사랑이라는 열매로
예쁘게 달려왔다.
숨 막히게 하는
돌부리가 굴러온대도
사뿐히 넘을 수 있음은
흐려진 기억조차
선홍빛 구름으로 적신
어여쁜 사람 있기에
맨발이라도 갈 수 있으리.
약속이 소중한 건
희망의 줄로 묶어주는
노래를 불러주고
여전히 가슴으로 안아

징끗 눈감아 주고
같은 하늘 바라본다.
사는 날까지.
함께…

징끗 눈감아 주고
같은 하늘 바라본다.
사는 날까지.

# 운명

너와 나의 만남은
남남으로 이어진
평생을 걸어가야 할
비밀의 성이야.
칠흑 같은 동굴은
오싹한 식은땀으로
아프기만 한 늪은
숨겨둔 눈물로
헤쳐 나가야겠지.
가슴 터질 듯
말하기 힘든 먹먹함은
함께하는 날까지
깊은숨으로 묻어야 할
운명이라 해두자.
겨울 하늘이
이렇게도 새파랗기만 한데
머릿속은 더 하얗게 되고
견딜 수 없는
연모의 물감으로 젖어든다.
그래도 오늘 살아있음은
얼어붙은 마음 녹이는

뜨거운 돌덩어리
말없이 날아와
이미 주춧돌이 되어버린
뽑아버릴 수 없는
사랑 그놈 때문이야.
그냥 한 번 울어버리면
괜찮아질 거야.

남남으로 이어진
평생을 걸어가야 할
비밀의 성이야.

## 고백



구름 걷히고
바람 따라 날아온
새파란 하늘.
석양으로 달리는
눈부심이 황홀한데
앙상한 가지 위
조잘대는 새 한 마리
깊이 묻어 다독여온
어여쁜 꽃을 향해
한 모금 미소 주고
더도 덜도 말고
변하지 않을 한마디
아낌없이 주련다.
힘내.
사랑해.
잘 될 거야.

# 소리

♡♥

웃음 짓는 사랑의 소리로.

지키고 보내려는
계절이 싸우는 소리는
손바닥 비비며
호호거리는 분주함으로
앞만 보고 달려간다.
햇살이 그립고
투명한 바다가 보고 싶은 건
오늘이라는 현실을
기막히게 적응하며 사는
변덕 아닌 변덕이
여행을 품고 있기 때문이다.
겨울이어도 좋고
여름이라도 괜찮은
사랑의 하모니는
서로를 불러주며 쌓아가는
향기론 땀방울과
험곡도 파도도 뛰어넘는
절정의 쾌성 때문이다.
그 무엇이라도 좋다.
변하지 않는 건
함께하리라는 약속이
정겹게 달려와 안겼다.
웃음 짓는 사랑의 소리로.

# 사랑의 힘

♡♥

사랑은 삶이라 노래하며
한 걸음 한 걸음

시간이 잠들고
눈물도 숨어버려
순결한 숨결만
따스한 체온을 느끼는
그대의 향기 깊은 곳
나의 전부를 가져간
어여쁜 미소 한 모금
구름 위를 걷습니다.
죽을 만큼 아픔도
용기를 키워준
반쪽의 숨 가쁜 손길로
이렇게 살아있음을
감사하다고 고백하며
하늘이 갈라놓는
그 순간까지
사랑은 삶이라 노래하며
한 걸음 한 걸음
그대 안으로 들어갈 겁니다.

# 이브

♡♥

구름이 잘났어도
하늘이 웃음 짓고
행복이라고 써도
사랑이 그림을 그린다.
파란 꿈이라고 뛰어도
가슴은 초록으로 걷고
눈감아 지웠다 해도
심장은 쿵쾅이는 열정.
한순간 미칠 듯
그대 내게 이브로 왔다.

한순간 미칠 듯
그대 내게 이브로 왔다.

## 아담

♡♥

찬바람 우는 겨울 들판
추억의 여름날 꿈꾸고
저녁 하늘 쓸쓸함은
내일을 기다리는 기대로
따뜻한 마음을 품었다.
스르르 감기는 눈꺼풀
깨어나기 싫은 꿈 때문.
하늘이 열려 꽃을 피웠고
향기로 설렘을 주는데
매일 새롭게 하는 희망이
헤어날 수 없는 굴레로
그대에게 안겨버린
나는 행복한 아담이 되었다.

그대에게 안겨버린
나는 행복한 아담이 되었다.

# 아픔

♡♥

아픔은 그저 꿈이다.
그래서 다시 꿈꾼다.

아파도 아프고
아프지 않아도 아픈
아픈 인생은
아픔을 안고 산다.
아파봐야 아프고
아프지 않으면
아픔을 찾아가는
아픈 인생은
아픔을 친구라 한다.
아픔은 아픔이 아니고
아픔은 삶이다.
오늘도 아픔을 숨 쉬고
아픔을 눈물겨워 하는
아픔의 심장이
아픈 하루를 뛰게 한다.
아픔은 내일을 바라는
놀랍도록 아픈
희망을 꿈꾸는 바보다.
아픔은 그저 꿈이다.
그래서 다시 꿈꾼다.
아파서
너무 너무 아파서.

# 비의 연가

겨울 껍질 한 꺼풀
우산 속에서
투둑거리는 소리로
하늘을 두드릴 때
쥐어짜는 가슴
눈물 한 모금 삼킨다.
창가에 부딪히는
조금은 서글픈 빗방울
촉촉이 젖은 나목에게
봄으로 함께 가자며
긴긴 여행을 재촉하고
흔적 없는 아픔을
스르르 흘려보낸다.
쓸쓸한 밤 드리우고
바람 부는 길목
가로등에 꾸벅 꾸벅이면
희망을 주고 싶고
기쁨을 함께하고 싶기에
그대 서 있는 곳
가시밭길 아픔이라 해도
그곳에 머물러 안아줄 거다.

오늘 지나고 내일이 와도
한결같은 인연을 노래하리.
절절한 비의 연가와 함께.

오늘 지나고 내일이 와도
한결같은 인연을 노래하리.
절절한 비의 연가와 함께.

# 봄날 고백 ♡♥

희망의 씨앗 내린
봄날 행복의 출발이
소박한 꿈으로
당신을 안아주는데
내 가슴의 뜨락이
빗물에 젖어들어
고난도 견뎌낸
푸르른 언덕으로
씩씩하게 달려온
그대의 인내를
넉넉한 웃음 속에
담아주고 싶습니다.
사랑한다는 말은
도피도 아닌
미련도 아닌
아직 다하지 못한
꿈꾸는 봄날로 가고픈
말하지 않아도
기대 가득한 선물입니다.
찬바람 지난 뒤
봄이 오는 길목에

연두빛깔 터지면
그대 향기로 옷 입고
눈물 훔치며
달려가겠습니다.
그대 아니면
안 되는 걸 알았으니까요.

달려가겠습니다.
그대 아니면
안 되는 걸 알았으니까요

# 일광욕

하늘이 푸르다.
눈 시리도록.
햇살이 따사롭다.
겉옷이 열려질 만큼.
그렇게 서럽던
씻기지 않을 것 같던
널브러져 있던
겨울을 난 찌든 때들도
한 꺼풀 또 한 꺼풀
봄바람에 자리를 내준다.
지친 삶의 무게가
너무 무겁다고 떼쓰는데
그래도 살아있음으로
툭툭 털고 일어서며
두 팔 벌려 내일을 인사한다.
움츠렸던 꿈과 희망에게
웃음으로 다가설 수 있음은
마음의 울림을 내어 준
말로는 다할 수 없는 고백과
깊디깊은 정 때문인 것을…
이렇게 푸르른 날

거부할 수 없는 그대 빛으로
행복에 겨운
일광욕을 해야겠다.
역시 그대는 나의 태양.

거부할 수 없는 그대 빛으로
행복에 겨운
일광욕을 해야겠다.

## 인생

♡♥

세월의 아픔은
내일을 기다린다

그림자가
길어지기 시작했다.
달려온 날들
넘어지기도 참 많이 했다.
그래도 다시 일어나
여기까지 왔는데
삐걱거리는
세월의 아픔은
내일을 기다린다.
부딪히고 쓰러져도
살아있음이 행복이라고
심장을 뛰게 하는
사랑이 속삭이며
깊은숨 몰아쉬고
다가오는 어둠을
반갑게 마중 나갈 때
물처럼 사랑하고 싶다던
시인의 노래가
내 안에 흘러들어와
잔잔한 호수를 이루고
눈물 한 방울 안겨주었다.
그리움으로.
사랑으로.

# 공간

♡♥

사랑의 향기는
또다시 함께할 세계로
가득 담아 떠나는 공간의 여행.

하늘 아래
함께 숨결을 나눈
작은 자리
그곳이 어디든
우리에겐 환희.
나이만큼 살았어도
만나지 못했던
깊은 곳 열정을
둘이 있음으로
감사하며 노래하는
숨길 수 없는 천국.
정들었던 온실을
홀연히 떠나는 건
눈물 나는 마음앓이지만
가득 묻어둔
사랑의 향기는
또다시 함께할 세계로
가득 담아 떠나는 공간의 여행.
그대가 있어 좋다.
새로운 곳에서
다시 꽃을 피워
그대에게 드리리다.

## 마음 3

♡♥

좋아서 마음이 다가갔고
마음이 열려
당신을 보았죠.
안아주니 따스했고
참아왔던 눈물 흘렀죠.
살아온 날들이
웃음뿐이라면
이 세상은 벌써
몇 번이고 부서졌을 거예요.
지나고 보면 허망함이었기에
당신이 너무 소중합니다.
믿었던 것에 발목 잡힌
더 이상의 아픔을 접고
이제 여기 하나가 되어
눈물 뿌려 마음을 닦아주렵니다.
겉으로 보이는 것이
징그럽게 싫어진대도
버릴 수도 없고
포기할 수 없는
하나의 진실이 있습니다.
생각만으로도

마음이 뜨거워지고
눈가에 이슬이 맺히는
미쳐버린 사랑입니다.
마음이 멈춰지질 않아
죽을 것만 같아
당신을 다시 안아줍니다.

살아온 날들이
웃음뿐이라면
이 세상은 벌써
몇 번이고 부서졌을 거예요.

# 밤이 운다

♡♥

아무것 해줄 수 없는
현실을 목 놓아 탄식한다.

밤이 운다.
거리의 차 달리는 소리도
심장을 후벼 파는
곡성으로 부딪힌다.
찢겨가는 가슴이
어쩔 줄 몰라 하며
울어만 댄다.
주저앉아 몰아쉬는
깊은 한숨은
피눈물을 부르며
아무것 해줄 수 없는
현실을 목 놓아 탄식한다.
죽음이 행복이라면
생명쯤이야 내놓을 텐데
어떡하든 살아야만
약속을 선물할 수 있다기에
미쳐버릴 것만 같은
머리를 쥐어박는다.
밤이 운다.
사랑이 가여워서
내가 미워서
죽도록 운다.

# 사랑 참 좋다

♡♥

사랑 때문에 가슴 절절한 뜨거움으로
사랑 때문에 하루를 차분하게 덮는다.
사랑 참 좋다.

하루해가
참 예쁘게 저문다.
석양이 주는 감흥은
서해 바닷가에서 보았던
황홀한 한 컷의 사진이
새록새록 웃음을 주고
모래밭에 깊게 새긴
너와 나의 이름으로
촉촉한 마음을 불러온다.
삶이 아름다운 건
심하게 앓아 쓰러지고
눈에 밟히는 모든 것이
소중하게 여겨지는
빈 마음 때문이리라.
어둠이 짙어지고 있지만
내 안을 기분 좋게 비춰주는
하늘을 닮은 사람 때문인 것을
노래 한 소절 읊조리며
사랑 때문에 가슴 절절한 뜨거움으로
사랑 때문에 하루를 차분하게 덮는다.
사랑 참 좋다.

# 이 어둠 이 슬픔

어둠 짙게 드리운
텅 빈 방 안에
남모를 고독이 흐르고
갈기갈기 찢겨
설움 복받친 흐느낌이
쓰디쓴 액체로
입가를 흘러내린다.
편안한 마음으로
서로를 안아주었던
기쁨과 정이 넘치는
둘만의 처음 자리였기에
멈춰지지 않는
숨 가쁜 고백들이
정신없이 심장을 두드린다.
깊은 밤 걷히고 나면
다시 일어나 뛰어야겠지만
그대 눈물 감싸주며
향기롭게 안아주고픈
활활 타오르는 정념은
어쩔 수 없이 또 울어댄다.
이 어둠 이 슬픔

그건 내일을 위한
희망 넘치는 동행의 세계로
세워주어야만 하는
한 사람만을 향한
피끓는 순교의 사랑앓이.

그건 내일을 위한
희망 넘치는 동행의 세계로
세워야만 하는
한 사람만을 향한
피끓는 순교의 사랑앓이.

## 봄날에 그대를

한 번도
단 한 순간도
멈추지 않은
당신을 향한
숨 가쁜 그리움을
수십 년의 세월이 흘러
날아온 백지 한 장에
차곡차곡 써내려갑니다.
사랑이라고
하나뿐인 사랑이라고…
이렇게 살아있음은
터질 듯 밀려오는
봄날 아지랑이 속에
눈물 감추며 안기는
여리기만한 한 송이 꽃으로
지쳐버린 영혼을
다시 일으켜 세우는
치명적 향기 때문이리.
깊이 묻어두어야만 한다면
언제까지나 사랑한다는
한 마디로 노래하고

돌아서 가슴을
쓸어내려야겠다.
보고픔이 멈춰지질 않으니.

언제까지나 사랑한다는
한 마디로 노래하고
돌아서 가슴을
쓸어내려야겠다.
보고픔이 멈춰지질 않으니.

# 바람

다른 거 없는데…
그댈 만나
우리 여기까지 왔기에
문 앞에 앉아
기다리는 마음만으로도
지난 봄날처럼
사랑스럽습니다.
아낌없이 고백할 수 있음은
내 곁에 다가와
따스한 손길 하나로
채우고도 남는
당신의 미소 때문입니다.
던져진 삶은
어떤 모습이든
헤쳐나갈 것이기에
입술로 운명을 아파하는
어둠이고 싶지 않습니다.
함께하는 날 동안
한 번이라도 더
희망을 이야기하고
토닥임으로 위로하며

웃음을 찾고 싶습니다.
사랑한다는 고백은
아깝지 않은 나눔이기에
이렇게 아파하는 건
자리잡지 못한
행복이라는 녀석 때문입니다.
난 오늘도
당신이 사랑스럽고
사랑한다 말해줄 겁니다.
그리고
사랑한다는 고백을
듣고 싶습니다.

아낌없이 고백할 수 있음은
내 곁에 다가와
따스한 손길 하나로
채우고도 남는
당신의 미소 때문입니다.

# 그리움

그리운 사람이 있음은
가슴 시린 행복입니다.
말로 다 하지 못하는
가슴 저려오는 보고픔을
쓰디쓴 눈물로 삼키며
철없이 깊어만 가는
밤을 붙잡습니다.
미안함과 고마움이
번갈아 뒤엉키며
밤바람을 타고 날아옵니다.
어여쁜 그대의 매력적인
씩씩한 웃음이 숨겨져
심장이 터질 것만 같아
이를 악물어 버텨보지만
하얗게 밤을 태울 것만 같습니다.
사랑의 끈이 한결 더
질척하게 늘어져
하염없이 그대를 부르며
끊어낼 수 없는 인연이라고
운명의 노래를 읊조립니다.
그리움으로

끝없는 그리움으로
살아있는 날까지
그립고 또 그리운 사람이라고
말해줄 겁니다.

그리운 사람이 있음은
가슴 시린 행복입니다.

## 안녕 ♡♥

눈부신 첫 만남의 계절
안녕~
푸른 하늘
싱그런 미소
따뜻한 손길
가슴 떨린 입맞춤
포근한 안아줌
가슴 벅찬 공간
셀 수 없이 넘쳐나는
내 생애 봄날의 추억
안녕~
사랑이 바로 이런 것
눈빛 하나만으로도
모든 걸 다 가졌던
더 주지 못해
늘 미안하고 맘 아팠던
행복에 겨운 계절
안녕~
다 내려놓아도
다 잊힌대도
모든 이와 이별한대도

세상과 안녕하여도
죽어도 잊지 못할
영원한 내 사랑에겐
안녕이라 말 못 하고
내 심장 쪼개서 드리리.
미치도록 살고 싶어서.

더 주지 못해
늘 미안하고 맘 아팠던
행복에 겨운 계절
안녕~

## 행복

어둠으로 눈물짓던
아득하기만 한 봄날을
싱그런 미소로 반겨준
참 좋은 사람이 있어
여기까지 달려왔다.
살아가며 찾지 못했던
아주 소소한 기쁨들이
매일 매일을 깨어나게 하며
바라만 봐도 좋은
참 따뜻한 사람이어서
고마운 눈물 많이 흘렸다.
사람이 좋아서
서로가 좋아서
모든 걸 함께 나누었기에
후회 없는 만남으로
사랑을 가졌다.
견뎌낼 힘이 모자라는 건
더 해주지도
잘 해줄 수 없는 아픔이
웃음을 앗아가고
따스함을 식혀버렸다.

다시 만나 아픔을 안아줄
더 좋은 날의 사랑을 위해
한 뼘 더 자라난 풍요로움으로
가득 품어 다가가야 하리.
행복 잠시 가려져 있지만
그 날에 다시 꽃피우자.
사랑하니까 …

견뎌낼 힘이 모자라는 건
더 해주지도
잘 해줄 수 없는 아픔이
웃음을 앗아가고
따스함을 식혀버렸다.

# 순정

살아오며
인생의 후반전에
깨달은 건
첫사랑과 끝사랑이
사랑의 전부임을
자연스레 알게 되고
힘들게 견뎌가는
하루하루 울먹이는 가슴은
마지막이라 믿었고
자신에게 약속한
한 사람만을 위해
남은 하루를 살겠다고
오늘을 함께했기에
선홍빛 그리운 사람이
내 안에 숨쉬고 있다.
운명적인 사랑이라고
말하지 않아도
이미 오래전 눈물 뿌려
찢어진 상처 적셔주고
깊은 샘물 흘려보내
오감을 그대에게 마비시켜버린

끊어낼 수 없는
중독된 단 하나의 사랑이라고
떠오르는 별들에게
소중한 고백을 맡겨놓는다.
전부를 주고
전부를 가져간 사랑
사랑은 하나다.

전부를 주고
전부를 가져간 사랑
사랑은 하나다

## 죽음을 꿈꾸며 ♡♥

누군가 그랬다.
사랑에 목숨 거냐구…
사랑에 목숨 거는 게 아니다.
사랑이 소중한 거다.
사랑은 시작부터 죽음을 꿈꿔왔다.
사랑에 빠져드는 순간
다시 태어난
황홀한 신세계였으니까.
사랑이 아파하는 날에
가슴으로 울 수밖에 없는
바보 같은 나를
죽어라 자책하며 울어도
대신할 수 없는 죽음은
한걸음 두 걸음 날아만 간다.
사랑은 없다고
사랑은 사치스럽다고
함께한 날들을 묻어버리는 건
너는 내 꺼라고
나는 네 꺼라고
구름 속을 걸어가며 안아주었던
눈물겨운 진심의 공감이

피눈물 흘리는 가슴으로
오늘을 겨우 버티게 한다.
세상이 변해도
변하지 않는 진실이 있다.
사랑은 있다.
너의 빈자리가 너무 아파
죽음을 꿈꾸는 걸 보니
사랑은 있다.
울고 또 울어 꿈꾸다 보면
행복한 자리에 앉은
내 사랑 바라보며
죽음보다 강한 사랑은
아픔 없는 세상에서
다시 만나게 되겠지.
사랑은 언제나 있다.
그래서 난 오늘도
죽음을 꿈꾼다.
사랑으로…

사랑에 목숨 거는 게 아니다.
사랑이 소중한 거다.

## 살아가기 ♡♥

오래 산 건 아니지만
인생 참 단순하다.
삶 아니면 죽음
그냥 그거다.
삶이 아파서
죽음을 바라보았을 때는
사는 게 우습고
그저 허탈함뿐이다.
살아야 할 이유가 있음은
두 어깨가 무겁지만
사람다운 모습으로
용기 내어 함께하는
사랑스런 사람 때문이다.
눈을 감는 것도
눈을 뜨는 것도
온 맘을 가득 채운 그리움으로
물러설 수 없는
생존의 본능을 외치며
다시 한번 활짝 웃을
행복의 날을 기다리는
아주 소박한 행진이다.

죽기 아니면 사는 길이기에
누가 뭐래도 오늘을
사랑으로 살아간다.

아주 소박한 행진이다.
죽기 아니면 사는 길이기에
누가 뭐래도 오늘을
사랑으로 살아간다.

# 예쁜 사랑

함께한 날들을
잔잔한 미소 속에
들여놓기 위해
눈물짓는 가슴 어루만지며
조용히 이름 불러본다.
자꾸 아련하게만 다가오는
꼬옥 안아주며
심장의 고동소리 느꼈던
행복 가득한 순간도
세파에 던져진 웃음이
눈물 나도록 기다려지는
돌아가고 싶은 동행의 자리.
매일매일 설레는 보고픔으로
하나 된 환희의 축제를
아낌없이 펼쳐보았던
너무 따뜻한 마주함이
간절한 열매를 기대하며
힘껏 달려온 힘이었는데
다시 그리움을 만들어주었다.
이렇게 아파하는 이별이
천상에서 함께할 인연이라고

겁 없이 고백하고
또 고백할 수 있음은
거짓 없는 너와 나의
뜨거운 심장을 나눠가진
가슴 터질 듯한 우리 사랑은
정말 예쁜 사랑이라고
살며시 눈물 흘린다.

가슴 터질 듯한 우리 사랑은
정말 예쁜 사랑이라고
살며시 눈물 흘린다.

## 좋은 사람

♡♥

매일 아침
창문 두드리는 햇살처럼
날 웃게 만들어준
환한 미소 가득 품어
꽃향기 같은
좋은 사람.
겨울을 이기고 날아온
얼굴 간지럽히는
따스한 봄바람처럼
내 마음 어루만져준
바다 모래밭 아늑함으로
깊은 숲 안식을 선물해준
참 좋은 사람.
하루를 깨워주고
하루를 잠들게 해준
늘 함께함으로 기쁨 주고
깊은 건조함으로 아파하던
생명 없는 나무에게
살아있는 샘물로
달콤한 행복을 적셔준
정말 좋은 사람.

그 자리에 있겠다고
거기서 기다린다고
수많은 별 중
그대를 만난 게 축복이라고
다시 만날 그날을
소망의 약속으로 함께할
좋은 사람
참 좋은 사람
정말 좋은 사람
그 사람이 내 안에 있다.
사랑으로.

좋은 사람
참 좋은 사람
정말 좋은 사람
그 사람이 내 안에 있다.

# 운명 숙명

사랑했다는 그 하나만으로도
심장은 여전히 쿵쾅거릴게다.

운명이라면
숙명적인 운명이라면
이 몸 으스러져 간다 해도
눈물로 가슴을 적셔서라도
죽는 순간까지
돌아보지 않고 달려
헐떡이며 그대를 부르리.
서슬 퍼런 끝이 기다려도
아낌없이 남은 열정마저
다 토해내고
비우고 빈 그 자리에
처음 가졌던 사랑의 씨앗
정성스레 심어 주리라.
무얼 바라서가 아니라
내가 뿌렸던 정열이기에
설움 복받쳐 올라도
웃음으로 맞이하면
사랑했다는 그 하나만으로도
심장은 여전히 쿵쾅거릴게다.
이게 내 운명이고
이게 내 숙명이다.

# 기다림

♡♥

그리움은 축복이다.

누군가를 기다리는 건
그것도 마음으로 품은
좋은 사람을 기다리는 건
표현하기 힘들만큼
쿵쾅이는 가슴이 있다.
누군가가 나를 기다려준다면
그건 심장 터지는 환희이고
펑펑 눈물 흘릴 만큼
행복한 노래의 잔치다.
기다림 가운데 아픔도 있지만
상처를 치유하는 숨결이 있고
함께 나눠가진 약속이 있다.
그래서 기다림은 자유이며
그래서 기다림은 늘 봄날이다.
내가 나를 알듯
내가 너를 안다면
너도 이미 나를 알기에
너와 나 기다림의 시간 속에
다시 한번 좋은 날을 그리며
더 뜨거워진 그리움을
맘껏 누리며 살 수 있다.
그리움은 축복이다.

그대 위해서라면
입술 깨물어
질끈 눈물 삼키며
머나먼 기다림의 나라
언제까지라도
견디고 이겨낼 수 있으리.
그대 위해서라면
뜨거운 여름을 몰아오는
초록의 깊은 숲으로
마음에 품은 연정을
언제나 그랬듯이
모아 모아 다 줄 수 있으리.
그대 위해서라면
지치고 상한 시간들을
향기로운 꽃다발에 담아
더 이상 아픔 없는
평온한 안식의 세계로
피 흘려서라도 동행할 수 있으리.
그대 위해서라면
오늘 눈감는다 해도
잡은 손 놓아줄 순간까지
남아있는 사랑의 체온
아낌없이 내어주고
사랑했노라 고백할 수 있으리.

# 기다림 2

♡♥

그리움은 희망이다.

여름이 느껴지는
늦은 봄날
정오의 뜨거운 햇살이
눈부시게 시리다.
짙은 초록으로
옷 갈아입기 위해
실바람에 몸을 맡겨
흔들어대는 가로수
먼 하늘 끝 다정스레
싱그런 미소 품어
간절한 만남 불러오고
조금씩 익어가는 사랑으로
소담스런 열매 얘기하고픈
꽃밭으로 소풍 간다.
바람에 실려 가듯
물살에 떠내려가듯
말하지 않아도
마음은 벌써 님 곁에 가 있다.
그리움은 희망이다.

# 님

늘 그랬듯
기쁨 햇살로 다가와
반쪽인생의
하루를 열어준
너무 따뜻한 사람
그 사람이 님이 되었다.
말하지 않아도
그리움 안겨준 인연
울지 않아도
사랑을 품어준 인연
그 인연이 님이 되었다.
늘 님의 향기로 숨쉬고
달처럼 고운 미소로
사랑을 심어준 사람
그 사람이 님이 되었다.
풀잎 스치는 비나리
황혼녘 마음의 창 두드리며
소망의 노래 불러주는
참 아름다운 그 사람
님일 수밖에 없는 사람
님이 내 안에 있어

웃음 묻어나는 다짐을
기꺼이 님에게 드립니다.
사랑하기에.
님이 정말 좋다.
님이 내 안에 살고 있다.
사랑으로.

반쪽인생의
하루를 열어준
너무 따뜻한 사람
그 사람이 님이 되었다.

# 여보

늘 부르고
또 불러도
정겹고 따뜻한
내 사랑 여보.
빈 하늘 날아 봐도
다시 돌아갈 곳
여보의 품이란 걸
야위어가는 몸이
본능적으로 찾는
마지막 힘을 내며
넘어지고 또 쓰러져도
다가가는 내 사랑
여보의 그늘.
여보라 부를 수 있어
가슴이 늘 따스했고
사는 게 사는 거 같았던
내 삶의 전부
내 삶의 하나뿐인
여보를 찾는다.
영혼이 되어도
여보를 안아주고

여보를 사랑하며
여보 마음속에
미소로 새겨지는
여보의 사람이고 싶다.
여보 사랑해요.

늘 부르고
또 불러도
정겹고 따뜻한
내 사랑 여보.

## 바보

♡♥

하나밖에 모르는
나는 바보.
너밖에 안 보이는
나는 바보.
함께 보낸 날들만 생각나는
나는 바보.
이래도 저래도
네가 사랑스럽기만 한
나는 바보.
바보라도 좋다.
한번 사는 인생
이 정도 사랑은 해봐야
사랑했다 할 수 있는 것.
어차피 사랑은
추억으로 남는다고 했던가.
바보같이 태어나
바보같이 갈 수만 있다면
그건 분명
제대로 멋진 사랑을
원 없이 할 수 있는
정말 행복한 바보인 거야.

삶이 다하는 그때까지
너만 사랑하는
바보로 있을께.

어차피 사랑은
추억으로 남는다고 했던가.
바보같이 태어나
바보같이 갈 수만 있다면